LES DÉCROCHEURS SCOLAIRES

LES COMPRENDRE – LES AIDER

LES DÉCROCHEURS SCOLAIRES

LES COMPRENDRE – LES AIDER

Claude Rivard, M.A.

Hurtubise HMH Ltée
Ville LaSalle (Québec)

À noter

L'utilisation du masculin n'est nullement discriminatoire et ne vise qu'à rendre la lecture plus facile.

Bien que la plupart des exemples soient des cas réels, les noms des personnes ont été changés.

Le conseil des Arts du Canada a accordé une subvention pour la publication de cet ouvrage.

Conception graphique
Couverture : Meiko Bae
Intérieur : Mégatexte

Photocomposition
Mégatexte

Révision
Michèle Drechou

© Copyright 1991
Éditions Hurtubise HMH Limitée
7360, boulevard Newman
LaSalle – Montréal (Québec)
H8N 1X2
Téléphone : (514) 364-0323
Télécopieur : (514) 364-7435

ISBN 2-89045-903-9

REMERCIEMENTS

Toute réalisation, si petite soit-elle, est rarement le fruit du labeur d'une seule personne. Le présent ouvrage, tout modeste qu'il soit, résulte de la collaboration de plusieurs personnes que je voudrais remercier tout spécialement.

Alors que le manuscrit de ce volume dormait depuis deux bonnes années au fond d'un tiroir, Mme Thérèse Marion, thérapeute à l'Institut de Formation et de Rééducation de Montréal, par des interventions professionnelles de qualité, a suscité chez l'auteur le goût de l'achever. Merci.

Au sein du couple, une complicité est essentielle à l'épanouissement de chacun des époux, surtout si l'actualisation de soi doit s'exprimer par des productions exigeant parfois beaucoup de temps. Pour cette complicité si généreusement consentie et aussi pour les nombreuses lectures du manuscrit, pour les critiques éclairées en tant que mère et éducatrice et enfin pour le support et la compréhension tout au long de la rédaction, merci à mon épouse Nicole.

L'écriture de ce volume n'aurait pas pu se concrétiser sans les expériences remontant à 1975 à la commission scolaire régionale Lignery.

Parmi les personnes qui m'ont secondé dans ma tâche, deux d'entre elles m'ont accordé une confiance peu commune. À M. J. Henri Rhéault, directeur général, et à M. Roland Pomerleau, directeur des services éducatifs et directeur général adjoint, merci.

Pendant de nombreuses années, des directrices et directeurs d'écoles, des enseignantes et enseignants et des professionnel(le)s des services à l'élève ont collaboré à l'accomplissement de ma tâche auprès des décrocheuses et décrocheurs et des raccrocheuses et raccrocheurs. Merci.

À M. Charles Caouette, Ph.D, professeur au département de psychologie de l'université de Montréal, pour avoir accepté de lire le manuscrit et suggéré des corrections, merci.

Aux élèves ayant contribué, par leur coopération, à rendre moins abstraites les données sur le décrochage scolaire, merci.

À toute l'équipe d'Hurtubise HMH, pour l'accueil compréhensif et courtois tout au long des étapes de la publication, merci.

À mon épouse Nicole,
À mes fils,
Sébastien et Martin

PRÉFACE

Le problème de l'abandon scolaire est un problème majeur en soi. Il l'est tout particulièrement au Québec si on se fie aux statistiques officielles du ministère de l'Éducation, ou à celles des Cégeps et universités. Les pourcentages se situant, autant dans un cas que dans l'autre, autour de 30, 35 ou 40 %, c'est-à-dire qu'il y a **chaque année** des milliers de jeunes qui quittent les programmes d'études sans avoir complété leur formation et sans avoir obtenu de diplôme correspondant. Cela représente en ressources financières et, surtout, en ressources humaines des pertes très considérables.

Mais, pour les jeunes du secondaire, le problème est encore plus dramatique que pour les autres du Cégep ou de l'université. En effet, ces jeunes qui se présentent auprès des employeurs sans détenir un des diplômes d'études secondaires suivants (D.E.S., D.E.P. ou C.E.P.), considérés comme un « minimum », n'ont à peu près aucune chance de décrocher un emploi, surtout avec des taux de chômage qui oscillent autour de 9 ou 10 % et une récession économique devenue davantage une réalité qu'une menace. De même, malheureusement, la plupart des jeunes qui quittent l'école secondaire sans y avoir achevé leurs études risquent de perdre leurs acquis antérieurs et de s'ajouter aux milliers d'adultes analphabètes fonctionnels, qu'on estime autour de 500 000 au Québec.

Cependant, ce qui nous paraît encore plus dramatique, c'est le fait que les adolescents qui quittent prématurément l'école secondaire ne disposent d'à peu près aucune ressource. Très souvent en conflit ouvert avec leurs parents, ces jeunes se retrouvent dans la rue, sans interlocuteur capable de « les comprendre et de les aider ». On comprend que plusieurs d'entre eux seront par la suite facilement entraînés, ne serait-ce que pour des raisons de survie matérielle, sur les sentiers de la mésadaptation sociale, de la délinquance, de la drogue et de la prostitution.

Or ces statistiques, ces situations et leurs conséquences psychologiques et sociales, sont connues d'à peu près tout le monde. Mais la plupart des gens s'efforcent d'ignorer le problème et leurs propres responsabilités à cet égard.

Au ministère de l'Éducation, on dira que les institutions scolaires ne peuvent aider que ceux qui les fréquentent, que la scolarité étant obligatoire jusqu'à l'âge de 16 ans révolus, c'est aux parents qu'il appartient d'envoyer et de maintenir leurs enfants à l'école, et que si un jeune quitte l'école avant ce temps et se retrouve dans la rue, c'est du ministère des Affaires sociales qu'il doit relever dorénavant. Quant aux directions d'écoles, elles répéteront que leurs responsabilités se limitent aux élèves inscrits à leur école.

Il était donc plus qu'urgent que des éducateurs nous rappellent que nous avons tous des responsabilités directes ou indirectes face aux décrocheurs potentiels ou réels. Il nous faut « comprendre et aider » ces jeunes qui ont besoin de nous; c'est ce que rappelle avant tout Claude Rivard. Celui-ci, qui a une longue expérience du milieu scolaire et, surtout, du travail auprès des jeunes, nous aide, en effet, à mieux comprendre du dedans la réalité que peuvent vivre les décrocheurs ou ceux qui s'apprêtent à décrocher.

Autant par la nature et l'organisation de son contenu que par sa présentation littéraire, le volume de Claude Rivard est très aisément accessible, et il aidera sûrement beaucoup de parents, d'enseignants, voire des jeunes eux-mêmes, à mieux comprendre le problème et la « dynamique » de l'abandon scolaire.

Il importe, cependant, de rappeler que ces jeunes décrocheurs, même s'ils ont quitté l'école régulière ou sont susceptibles de le faire à court terme, ont quand même un grand et pressant besoin de ressources éducatives **appropriées à leur situation transitoire.** Nous croyons que les commissions scolaires et le ministère de l'Éducation ont la responsabilité, à travers la recherche-action et l'innovation, d'expérimenter de nouvelles approches éducatives plus adaptées à ces jeunes. Les expériences menées à l'école Le Virage (Laval) par Gaston Chalifoux, à l'école A.N. Morin (Mont-Rolland) par l'équipe de Luc Roger, et celle des Fermes éducatives que nous avons contribué à mettre sur pied en Abitibi et en Gaspésie dans les années 80 (via la Corporation CETET), sont particulièrement intéressantes et démontrent bien que, pour beaucoup de jeunes qui ont pu bénéficier de tels services, l'expérience de décrochage scolaire a pu devenir un stage très efficace de croissance personnelle et sociale et de maturité vocationnelle, à travers notamment des activités d'artisanat et de créativité, de théâtre, d'excursions et de services communautaires.

De telles « innovations pédagogiques » ont surtout fait prendre conscience des ressources très réelles, et souvent surprenantes, des décrocheurs scolaires, qu'on a trop aisément identifiés et étiquetés de « cas problèmes ». Quand ce n'est plus quelques cas isolés mais bien 30 % et plus des élèves qui « décrochent » de l'école secondaire, ce n'est plus de problèmes exceptionnels et marginaux qu'il faut parler mais d'un véritable problème **institutionnel** et **social.**

C'est une autre contribution importante de Claude Rivard d'amener ainsi les parents des adolescents décrocheurs à réaliser qu'ils ne sont pas seuls et qu'ils ont un grand intérêt et avantage à se rencontrer et à échanger ensemble.

Il en est de même des éducateurs qui, eux aussi, tireraient un grand profit de rencontres professionnelles où ils pourraient objectivement mieux percevoir le phénomène de l'abandon scolaire et, surtout, ce que vivent les décrocheurs et leurs parents.

Toutefois, il nous apparaît indispensable que tous ensemble, éducateurs, parents, adolescents et décrocheurs aussi aident l'école à devenir un **milieu de vie**, de **croissance** et **d'épanouissement** pour les décrocheurs et pour l'ensemble des jeunes, surtout pour ceux qui proviennent de milieux défavorisés et/ou de familles passablement perturbées, et un milieu de vie de croissance pour les éducateurs eux-mêmes. En effet, c'est d'abord d'éducateurs authentiques et heureux dans leur métier que les jeunes ont un urgent besoin, surtout ceux qui n'entrevoient à leurs problèmes et frustrations que la solution de **décrochage.**

Claude Rivard veut aider les parents à mieux « comprendre et aider » les jeunes décrocheurs, mais son livre constitue en même temps un témoignage profond de respect et d'estime des jeunes d'aujourd'hui. Et pour cela il faut le remercier vivement, surtout au nom des jeunes.

Charles E. Caouette, Ph.D.
Professeur titulaire au
département de psychologie
de l'Université de Montréal

AVANT-PROPOS

En 1975, à la demande d'une commission scolaire régionale, je mis sur pied un service de Fréquentation scolaire destiné à venir en aide aux décrocheurs scolaires, autant les décrocheurs potentiels (susceptibles de quitter l'école) que les décrocheurs réels (ayant déjà abandonné).

La tâche afférente au poste de conseiller en fréquentation scolaire comportait deux volets : elle consistait, d'une part, en des activités de prévention et, d'autre part, en des démarches de réintégration à l'école de ceux et celles qui l'avaient déjà quittée.

Qu'il s'agisse d'interventions auprès de décrocheurs potentiels ou de décrocheurs réels, les parents étaient rencontrés la plupart du temps et certains plus d'une fois.

Entre 1975 et 1981, 1000 dossiers furent ouverts et quelques centaines de parents rencontrés.

C'est de ces rencontres de parents que germa l'idée d'écrire le présent ouvrage.

Pour bon nombre de parents, la nouvelle de l'abandon scolaire de leur enfant avait l'effet d'une tempête, une de celles où on a l'impression qu'un ciel de plomb nous tombe sur la tête. Plusieurs parents avaient du mal à cacher leur souffrance et à maintenir leurs larmes.

Bien souvent, avant de s'occuper du jeune il fallait apaiser la douleur des parents.

Lors de ces rencontres, la première question tombant des lèvres des parents angoissés était : « Qu'est-ce qu'on peut bien faire ? »

Autant ces parents brûlaient du désir d'aider leur enfant, autant ils étaient ligotés par l'impuissance d'agir et le désarroi.

Il n'est pas facile de voir s'écrouler, comme un château de cartes, ces beaux rêves si longtemps nourris au sujet de l'avenir de son enfant. Depuis des années déjà, ces parents imaginaient leur enfant devenu adulte, ayant terminé ses études avec succès et accédant à une fonction rémunératrice. Tout à coup c'était la désillusion. « Notre enfant va rater sa vie, il ne fera jamais rien de bon, disaient certains. »

Sans avoir de recettes miracles à proposer, je réalisai que la tension des parents diminuait à mesure que le phénomène d'abandon s'illuminait et devenait moins mystérieux.

Le phénomène de l'abandon scolaire est toujours bien présent dans notre société et des parents continuent de s'inquiéter. C'est en pensant à eux et en voulant les aider que j'acceptai de consacrer deux années à la rédaction de ce volume.

Espérant atteindre cet objectif !

L'auteur.

TABLE DES MATIÈRES

INTRODUCTION

Malgré son ampleur, le phénomène de l'abandon scolaire demeure méconnu d'un bon nombre de parents principalement parce que les recherches sur le sujet pouvant fournir des pistes d'intervention ont presque toujours été destinées aux divers intervenants scolaires et sociaux et qu'ainsi elles leur sont demeurées peu accessibles.

Pourtant, l'intervention des parents apparaît comme prioritaire puisqu'elle se situe avant même que les autres intervenants puissent agir, c'est-à-dire dans la période préscolaire, particulièrement au niveau de l'acquisition du vocabulaire et de la stimulation intellectuelle.

Cependant, pour que cette intervention puisse avoir lieu, il faut que les parents soient informés.

Des parents se résignent à ce que leur enfant obtienne des résultats médiocres à l'école et abandonne les études, parce qu'ils sont peu instruits et de condition économique modeste. « Vous savez, disait une mère, on n'est pas riche et on n'a pas été à l'école longtemps mon mari et moi, on pense pas que nos enfants vont faire mieux. Quand on est né pour un petit pain... » Ces parents donnent ainsi raison aux statistiques. Pourtant, des enfants de familles à l'aise financièrement abandonnent aussi.

D'autres parents s'en remettent entièrement à l'école pour l'instruction de leur enfant et lorsque celui-ci décroche, ils disent : « Il n'avait pas de talent !,» ou bien « C'est la faute des professeurs ! » S'ils savaient qu'il ne suffit pas seulement d'avoir du talent et des bons enseignants pour réussir une bonne scolarité.

D'autre part, des parents seraient intervenus s'ils avaient été informés des besoins de l'enfant ou s'ils avaient pu reconnaître à temps les signes avant-coureurs de l'abandon scolaire.

Combien d'interventions n'ont jamais eu lieu tout simplement parce que les parents n'étaient pas informés ou que trop de questions demeuraient sans réponse.

C'est au contact des parents, en tant qu'intervenants en fréquentation scolaire, que nous avons pris conscience du besoin qu'ont ces derniers d'être informés.

Dans le présent ouvrage, nous voulons apporter aux parents des éléments de réponses aux nombreuses questions exprimées lors de visites à domicile ou de rencontres au bureau.

Pour les parents souhaitant plus de précisions ou pour les éducateurs désirant se familiariser davantage avec le phénomène de l'abandon scolaire, nous avons appuyé nos propos sur les conclusions de quelques recherches.

Dans la première partie, nous tenterons de décrire le phénomène du décrochage scolaire :

a) en soulignant quelques traits de son évolution au tournant des années 60 ;

b) en nous demandant si le décrochage scolaire ne s'inscrirait pas dans un courant social ;

c) en faisant ressortir, à travers les divergences de points de vue des spécialistes, la complexité de ce phénomène et de là les difficultés à comprendre les décrocheurs scolaires ;

d) en constatant que, malgré une diminution appréciable des taux de décrocheurs scolaires pendant quelques années, ils sont encore de plus en plus nombreux ;

e) en évoquant les motifs d'abandon ;

f) en remettant en question le rôle du statut socio-économique de la famille comme facteur prédominant dans l'abandon scolaire.

Dans la deuxième partie, nous explorons des pistes d'intervention. Comme celle-ci dépend en grande partie de la connaissance des symptômes, nous présentons d'abord une réflexion sur des indices de dépistage et nous proposons une méthode d'étude.

Nous distinguons ensuite deux types d'intervention, préventive et curative, dont les deux éléments de base sont les aspects physiques et psychiques.

Comme la famille demeure le premier lieu d'intervention, nous présentons le contexte familial et l'héritage culturel.

Nous enchaînons avec le rôle stimulant des attentes des adultes face aux jeunes, autant dans l'accomplissement des travaux scolaires qu'au niveau des aspirations de carrière.

Comme la motivation est souvent remise en cause dans les échecs et l'abandon scolaire nous ne pouvions l'ignorer et nous y consacrons un chapitre.

Enfin, sachant que devant de nombreux échecs des jeunes se découragent et ont le goût de tout abandonner, nous attirons l'attention sur le fait qu'une année d'échec en apparence peut encore offrir des possibilités de réussite partielle.

Juste avant de conclure nous traçons quelques jalons d'une collaboration parent-enfant-école sans laquelle tout effort de prévention s'avérerait inefficace.

PREMIÈRE PARTIE : DESCRIPTION

L'ABANDON SCOLAIRE EST-CE NOUVEAU ?

> *« Mon père, y a fait juste*
> *une septième année, pis y*
> *gagne 46 000 $ par année.*
> *C'est pas nécessaire d'aller*
> *à l'école ! »*
> Luce 16 ans

Le phénomène de l'abandon scolaire remonte sans doute au tout début de l'histoire des écoles, bien qu'on lui porte une attention plus particulière depuis les dernières décennies. En effet, le code des lois de la Province de Québec comportait déjà, il y a fort longtemps, des articles au sujet de la fréquentation scolaire obligatoire et prévoyait même l'emploi, par les commissions scolaires, d'un contrôleur d'absences, personne chargée de surveiller les manquements à la loi et, le cas échéant, de les porter devant les tribunaux.

La façon de percevoir les décrocheurs scolaires dans les années 50 était bien différente de celle des dernières décennies.

Jusqu'à la Révolution tranquille, au début des années 60, les motifs d'abandon de l'école différaient de ceux invoqués aujourd'hui. D'une part, surtout dans les petits villages, l'école renvoyait les jeunes après une neuvième année, impuissante à les conduire à un degré plus élevé. Les jeunes du village où nous vivions pendant les années 50 devaient fréquenter l'école de la ville voisine située à une vingtaine de kilomètres, et en défrayer les coûts s'ils désiraient compléter une douzième année d'études (secondaire 5). D'autre part, à cette époque le travail manuel et l'autonomie financière étaient survalorisés au détriment de l'instruction. Entre jeunes, on se disait que les hautes études, caractérisées entre autres par une certaine dépendance financière, c'était « bon » pour les « feluets » (fluets), incapables d'accomplir des travaux exigeant de la force physique. Abandonner l'école pour travailler et aider ses parents pouvait même être considéré comme un signe de maturité alors qu'aujourd'hui on ne jure que par l'école. On comprendra que pendant bon nombre d'années, les « décrocheurs » scolaires ont été moins visibles que maintenant étant assimilés aux travailleurs adultes et ne demeurant que peu longtemps inactifs, surtout en milieu rural où les écoles, à cause de leurs limites, déversaient une main-d'œuvre non spécialisée toujours nécessaire pour suppléer à une technologie agricole peu développée et peu répandue.

Jusqu'aux années 60, les jeunes quittant l'école pour un autre motif que celui d'aider leurs parents sur la ferme, pouvaient trouver de l'emploi, sans trop de difficultés, dans les campagnes et même dans les villes, la scolarité n'ayant pas, à ce moment-là, le même poids qu'aujourd'hui, comme critère d'embauche.

Avec l'institution des commissions scolaires régionales, le transport scolaire a fait son apparition : on véhicule les élèves des régions rurales vers les centres urbains, où des écoles modernes et spacieuses offrent, en plus du cours secondaire complet, tout un éventail d'options et de services à l'élève. On ne peut plus désormais alléguer, pour quitter les études, que l'école du village n'offre pas les degrés supérieurs.

Si la fréquentation de grosses écoles apparaît comme un gain en terme d'options et de services variés, elle est ressentie comme une perte, par certains élèves, notamment par ceux de troisième secondaire ayant à vivre la transition entre la petite et la grosse école.

On a observé, pendant plusieurs années, que les décrocheurs issus surtout de la 3ᵉ secondaire, avaient fréquenté l'année précédente une petite école où l'encadrement était plus suivi et plus personnalisé.

Lors du passage d'une école à l'autre, certains élèves ont le sentiment d'être perdus et oubliés dans la masse et même d'avoir perdu leur identité et d'être devenus des numéros.

Si l'institution du transport scolaire et des commissions scolaires régionales a augmenté la possibilité de poursuivre des études plus avancées, elle a aussi rendu plus visible la clientèle des décrocheurs. Celui ou celle qui avait l'habitude de prendre l'autobus tous les matins et qui, tout à coup, ne se présente plus à l'arrêt ne passe plus inaperçu. Les autres élèves peuvent s'interroger sur l'absence prolongée de leur camarade, en informer leurs professeurs et déclencher l'opération repêchage dont le processus est ponctué d'avis légaux et autres interventions.

La période d'inactivité qui aujourd'hui accompagne, la plupart du temps, le décrochage scolaire contribue à accentuer la visibilité des décrocheurs.

Avec le développement de la technologie, le marché du travail est devenu plus exigeant et moins ouvert à « l'homme à tout faire ». Même la coupe de bois, offrant autrefois des emplois à de nombreux travailleurs non-spécialisés, s'est dotée d'une technologie très efficace ne laissant que peu de place aux bûcherons traditionnels, à l'exception des entreprises familiales.

Il ne suffit plus d'avoir deux bons bras et du cœur au ventre pour assurer sa subsistance, bien que ces qualités soient toujours aussi importantes.

Il n'est donc plus aussi facile qu'autrefois, pour un décrocheur, de passer inaperçu. Un certain nombre d'entre eux réussissent, en travaillant au noir, à décrocher un boulot comme laveur de vaisselle, laveur d'autos, laveur de vitres et autres occupations peu rémunérées, alors que d'autres s'ajoutent à la clientèle de l'aide sociale et font grimper le nombre des « sans-emploi » jetant ainsi une tache d'encre sur l'image du gouvernement pour qui des taux de chômage élevés constituent une mauvaise publicité. Rappelons-nous seulement une certaine campagne électorale dont le slogan était « 100 000 emplois ».

Les décrocheurs scolaires s'ajoutent avec plus d'acuité aux préoccupations des politiciens qui font « des pieds et des mains » pour les rendre toujours moins visibles : des millions de dollars sont versés en supplément à l'aide sociale pour aider ceux qui réintègrent l'école. Désormais les décrocheurs sont comptés, analysés, pris en charge, replacés sur la voie jusqu'au prochain « déraillement ».

Il n'y a pas de commune mesure entre la situation d'un père de famille de 50 ans ayant quitté l'école avant l'essor de la technologie, dans une période où la bonne volonté suffisait pour gagner sa vie, et celle d'un jeune décrocheur d'aujourd'hui, peu instruit, sans expérience, et se retrouvant dans un monde où non seulement les études sont nécessaires mais où, avec l'évolution constante de la technologie, le recyclage et l'éducation permanente sont devenus une nécessité.

Quant au décrochage scolaire des filles dans les années 50, il est différent de celui des garçons. Il n'est pas toujours motivé par le besoin d'aide à la maison mais souvent par un préjugé à l'égard de l'instruction des filles : « À quoi ça sert dépenser de l'argent pour faire instruire les filles qui vont se marier à la fin de leurs études », disait-on dans certaines familles, comme si le mariage était une garantie de sécurité. Une telle croyance ne tient pas compte des aspirations des filles ni de l'éventualité que des femmes peuvent devenir chefs de foyer et doivent subvenir à leurs besoins.

Il appartient donc aux parents de rappeler à leur enfant les différences entre une époque révolue et l'époque actuelle. Le décrochage scolaire, sans doute aussi vieux que l'institution des écoles, n'est donc pas un phénomène nouveau.

***

IMPORTANT

Les jeunes ne peuvent faire la différence entre l'époque où des parents sans instruction s'intégraient aisément au marché du travail et l'époque actuelle. Ils ne peuvent donc pas utiliser comme argument « mon père gagne bien sa vie sans avoir été à l'école longtemps... »

Même si cela paraît un peu vieillot de parler de « son temps », raconter à ses enfants comment l'accès au marché du travail était très différent d'aujourd'hui peut s'avérer utile.

Une bonne préparation au marché du travail est utile autant pour les filles que les garçons.

LE DÉCROCHAGE : UN COURANT SOCIAL ?

Quand on m'interroge sur la nature de mon travail et que je mentionne mon expérience avec les décrocheurs scolaires, il arrive que les gens froncent les sourcils en disant : « C'est toute une tâche que travailler avec les marginaux ! »

Le décrocheur scolaire est-il un marginal ?

On peut lire dans *Lexique des sciences sociales*, (Grawitz, 1983, p. 240) le sens sociologique de marginal : « ... individu ou groupe mal intégré à la société. »

Si, du point de vue intégration au marché du travail, on compare le décrocheur des années actuelles avec celui des années 50, cette définition semble correspondre à une certaine réalité : de nombreux décrocheurs sont peu intégrés aujourd'hui.

En effet, avant les années 60, comme nous l'avons mentionné précédemment, les décrocheurs scolaires ne sont pas considérés comme des marginaux. Une minorité de jeunes termine des études secondaires, les autres se dirigent vers le marché du travail. La technologie étant peu développée et les études peu nécessaires à l'accomplissement des tâches offertes, il s'ensuit que le travail manuel est valorisé et que les jeunes trouvent facilement de l'emploi dès la sortie de l'école, s'intégrant ainsi au monde des adultes.

Du fait de leur intégration au monde des travailleurs on ne peut donc pas les considérer comme des marginaux.

Aujourd'hui, avec l'essor de la technologie et la valorisation de la scolarisation, beaucoup de jeunes décrocheurs se retrouvent « chômeurs » à la sortie de l'école. Soit qu'ils vivent à la charge des parents, soit qu'ils deviennent des bénéficiaires de l'aide sociale. Un petit nombre deviennent des travailleurs à rabais et enfin une poignée de « chanceux » trouvent un travail bien rémunéré.

Comparativement aux décrocheurs des décennies antérieures aux années 60, beaucoup de décrocheurs scolaires des années actuelles vivent en même temps en marge de la population étudiante et de la population des travailleurs.

Du point de vue de l'emploi, entre autres, la situation du décrocheur scolaire a changé avec les années, contribuant à le marginaliser progressivement depuis les années 60.

En même temps que le décrochage des jeunes devient plus visible pour les raisons déjà citées, certaines formes de décrochage adulte s'accentuent.

Pendant plusieurs décennies, surtout dans la période précédant la Révolution tranquille, certains domaines de la vie des Québécois et Québécoises, empreints d'une grande stabilité, semblaient marqués du sceau de la permanence. Mais voilà que dans les années 60, même des secteurs considérés jusque-là comme relativement stables sont ébranlés.

De 1951 à 1968, au Québec, le nombre des divorces par année est inférieur à 1000. En 1969 il grimpe à 2947 pour atteindre 15186 en 1976 et 19193 en 1981.

On ne peut pas donner l'augmentation des mariages comme justification à l'augmentation des divorces puisque pour les années 1967 et 1978 où le nombre de mariages est sensiblement le même, le nombre des divorces double.

Première constatation : entre 1969 et 1985, selon les années, les divorces ont triplé, quadruplé et même quintuplé. Les liens du mariage, considérés comme indestructibles selon l'enseignement de l'Église catholique, perdent de leur solidité simultanément à la perte d'influence de cette Église et à la rupture d'un grand nombre de fidèles avec cette dernière.

Deuxième constatation : le mariage, forme d'union majoritairement reconnue aux plans social, juridique et religieux et ayant, pendant des années, rejeté dans la marginalité ceux et celles s'unissant sans s'y conformer, commence à décroître graduellement de 1972 à 1985, si bien qu'en 1981 on retrouve 239 370 personnes vivant en union libre.

Troisième constatation : en même temps que les fidèles désertent massivement les églises, un grand nombre de prêtres, de religieux et religieuses rompent leur « union sacrée » pour retourner dans le monde laïc. Simultanément le nombre des vocations, d'astronomique qu'il était, descend en chute libre.

Quatrième constatation : pendant de nombreuses années, embrasser une carrière ou une profession signifiait s'y consacrer pour la vie. De nos jours, il n'est pas rare de rencontrer des personnes s'engageant dans une seconde et même une troisième carrière.

Cinquième constatation : le nombre des personnes quittant leur emploi pour cause de « burn-out » semble en croissance.

Si « quitter », « abandonner », « rompre » signifient décrocher, on ne peut que constater, que le décrochage, l'abandon et le « dropping out » ne sont pas le lot de la clientèle scolaire et qu'ils surgissent dans bien des secteurs de la vie adulte.

Bref, la présence du « décrochage » dans des secteurs variés de la vie sociale et son impact sur le vécu de milliers d'individus nous conduit à l'interrogation suivante : le « décrochage » ne serait-il pas en voie de devenir un courant social dont le décrochage scolaire constituerait l'un des maillons ?

***

IMPORTANT

Des adultes de plus en plus nombreux abandonnent, les uns un mode de vie, les autres un emploi, une carrière ou une profession. Certains quittent par choix, d'autres parce qu'ils n'en peuvent plus, en dépression ou en « burn-out ». Les écoliers sont soumis à un régime de vie souvent ahurissant : course de la maison à l'arrêt d'autobus ; à l'école, course de la classe au casier entre les cours ; le soir à la maison, devoirs, leçons, sans compter les cours de musique, de natation et les pratiques dans différents sports...ouf !

Comme les adultes ils ont quelquefois besoin de prendre des distances avec un milieu de vie devenu souvent insupportable. Ils décrochent.

Si l'adulte sent le besoin de décrocher pour se réorienter pourquoi le jeune ne le ferait-il pas ?

DES CHIFFRES QUI PARLENT

Tableau 1
Les divorces et les mariages

Années	Divorces	Mariages
1951	289	35 704
1956	351	37 920
1961	348	35 943
1967	727	46 275
1969	2947	
1972	6426	53 967*
1974	12272	51 890
1981	19193	41 006

Source : Gouvernement du Québec, « Les ménages et les familles au Québec, » Statistiques démographiques, Les publications du Québec, 1987.

*   De 1951 à 1972, le nombre de mariages le plus élevé est 53 967.

Tableau 2

1967		*1978*	
nbre de mariages	46 275	nbre de mariages	46 189
nbre de divorces	727	nbre de divorces	14 865

Source: Gouvernement du Québec, *Les ménages et les familles au Québec*, Statistiques démographiques, Les publications du Québec, 1987.

Tableau 3
Partenaires en union libre
1981

Groupes d'âge	
15-19	11 630
20-24	68 695
25-29	59 435
30-34	35 925
35-39	23 050
40-44	13 695
45-49	9 790
50-54	7 770
55-59	5 325
60-64	3 285
65+	770
Total	239 370

Source : Gouvernement du Québec, *Les ménages et les familles.*

LES DÉCROCHEURS SONT-ILS NOMBREUX ?

Lorsque leur garçon ou leur fille abandonnent les études, les parents se sentent mal à l'aise pour diverses raisons, entre autres parce qu'ils se jugent incompétents. « Nous avons échoué dans l'éducation de notre enfant », disait une mère. Si des parents se jugent aussi sévèrement c'est en particulier parce qu'ils se comparent à leurs voisins ne vivant pas la même situation et ainsi ils se croient seuls à vivre une telle déception.

Rassurez-vous parents ! Vous n'êtes pas seuls à vivre une telle expérience. Dans la seule province de Québec on dénombre des milliers de décrocheurs : 33 400 en 1987 (tableau 4). Dans un article publié dans la Presse du 21 janvier 1990, page 7 du cahier A, on annonçait que Monsieur Charest, alors ministre d'État à la Jeunesse, était en train de préparer un programme pour contrer l'abandon scolaire. Et les documents statistiques ayant servi à la réflexion du ministre laissaient sous-entendre qu'une projection du décrochage au niveau secondaire prévoyait un taux d'abandon scolaire de 30 % jusqu'en 1992, soit 100 000 jeunes annuellement qui se retrouveraient sur le marché du travail sans avoir les qualifications nécessaires (article cité).

Selon le document du MEQ cité au tableau 4, on peut observer qu'une partie du décrochage s'effectue lors du passage à la 4e et à la 5e secondaire. En effet, le nombre d'élèves promus en 4e secondaire a diminué de 3 % entre 1984 et 1987, passant de 89 % à 86 %. Quant à la 5e secondaire, la diminution est de 4 % entre 1985 et 1987 : 80 % (1985) et 76 % (1987).

Selon le même document, à mesure que les exigences du Ministère s'élèvent, par exemple l'application de la note de passage à 60 %, moins de jeunes accèdent en 4e et 5e secondaire.

Quel aurait été l'impact de l'application du nouveau régime pédagogique sur la réussite des finissants de 1993 exigeant la réussite des mathématiques régulières de 5e secondaire et la physique de 4e secondaire pour l'obtention du diplôme de fin d'études secondaires, si le ministère de l'Éducation du Québec ne l'avait pas suspendue ?

***

IMPORTANT

Les exigences fixées par le ministère de l'Éducation pour la promotion scolaire peuvent être comptées au nombre des facteurs de l'abandon scolaire.

DES CHIFFRES QUI PARLENT

Tableau 4						
		1975-76	1980-82	1985-86	1986-87	1987-88
Nombres d'abandons	Garçons	35 100	25 800	18 900	19 900	21 500
	Filles	28 500	19 500	12 500	13 400	14 300
	Ensemble	63 600	45 300	31 400	33 300	35 700
Probabilités d'abandons en %	Garçons	53,1	40,8	32,1	40,8	41,5
	Filles	42,6	33,8	22,1	29,3	29,7
	Ensemble	47,9	37,4	27,2	35,3	35,8

Source : Gouvernement du Québec, *Indicateurs sur la situation de l'enseignement primaire et secondaire*, édition 1990, page 33.

« La notion d'abandon scolaire utilisée ici se définit selon les critères suivants : l'élève est inscrit au secteur des jeunes au début de l'année scolaire, ne l'est plus l'année suivante, n'est pas titulaire d'un diplôme du secondaire et réside toujours au Québec l'année suivante.»

Source : Gouvernement du Québec, *Indicateurs sur la situation de l'enseignement primaire et secondaire*, édition 1990, page 32.

Note : les décès et les déménagements hors du Québec ne sont pas comptabilisés.

PRÉVISIONS INQUIÉTANTES

« Depuis 1986, la probabilité de décrochage n'a pas cessé d'augmenter et c'est au Québec que la tendance à la hausse est la plus inquiétante. Les chercheurs ont attribué cette situation aux mesures récemment prises par le gouvernement du Québec visant à resserrer les exigences au niveau secondaire.».[1]

cause

---

1 April, Pierre. «Charest prépare un programme pour contrer le décrochage scolaire», *LA PRESSE*, cahier A, p.7. 21 janvier 1990.

QU'EST-CE QU'UN DÉCROCHEUR SCOLAIRE ?

Lorsque les parents apprennent, soit par l'école ou soit par le jeune lui-même, qu'il est en train de « décrocher », l'inquiétude s'empare souvent d'eux et ils se demandent : « Comment a-t-il bien pu en arriver là ? ; qu'est-ce qu'il a de différent des autres élèves qui eux persévèrent ? ; les décrocheurs ont-ils quelque chose de spécial au point de vue personnalité ? ; notre enfant est-il normal ? ; y a-t-il quelque chose qu'on aurait dû faire et qu'on n'a pas fait ? »

Quand les parents nous adressent ces questions, ils s'attendent à recevoir une réponse franche, sans détour, et surtout ne masquant pas la vérité. Cependant il n'existe pas de réponse toute faite. Chaque décrocheur possède sa propre histoire de cas, différente de celle des autres, si bien que lorsque les experts tentent de tracer un portrait robot du décrocheur scolaire, ils ne s'entendent plus.

Pour illustrer notre propos nous nous référons à un article, « L'abandon scolaire : une réaction inadaptée à l'inadaptation de l'école », publié dans *La revue des échanges de l'AFIDES*, n° 4, 1985, pp. 41-45, par Charles E. Caouette, professeur au département de psychologie de l'Université de Montréal.

Dans cet article, Caouette fait un tour d'horizon intéressant des points de vue de divers auteurs chez qui nous pouvons observer une divergence d'opinions. Pour certains, le décrocheur scolaire serait un marginal, un inadapté, rencontrant des échecs et provenant de famille économiquement faible. Pour d'autres, au contraire, le décrocheur posséderait un tempérament fort le rendant capable d'exprimer son désaccord avec le milieu et ne proviendrait pas nécessairement de famille en difficulté.

Selon Caouette (1985), même ceux ne quittant pas l'école et appelés les « résistants » partageraient le point de vue des décrocheurs : ils seraient en désaccord avec les valeurs de l'école. De plus, un grand nombre d'entre eux auraient déjà songé à quitter l'école mais, déterminés à obtenir un diplôme, ils y seraient demeurés.

Pour nous, nous appuyant sur la connaissance pratique acquise à leur contact pendant plus de dix ans, les décrocheurs ne sauraient être campés exclusivement, ni à l'enseigne des caractéristiques négatives, ni à celle des caractéristiques positives. On ne naît pas décrocheur, on le devient au gré des circonstances (voir les motifs d'abandon).

Un décrocheur scolaire, c'est avant tout un jeune en pleine croissance physique et psychologique, recherchant bonheur et épanouissement et tentant de découvrir un sens à son vécu tissé tantôt de joies et de peines, tantôt d'espoirs et de déceptions, tantôt de réussites et d'échecs, tantôt de compréhension et d'incompréhension, tantôt d'acceptation et de rejet, de stress et de tensions.

Quand il décroche, c'est parce qu'il ne trouve plus dans le milieu scolaire la réponse à ses aspirations et ses besoins.

En même temps qu'il recherche le bonheur, l'adolescent (de 12 à 18 ans) doit assumer les transformations physiques et psychiques accompagnant sa croissance et susceptibles d'entraîner ce que les experts désignent sous le nom de « crise d'adolescence ».

Il est important de noter la rapidité de la croissance corporelle facilement observable par des changements au niveau des membres, jambes et bras s'allongent rapidement ; par la pilosité nouvelle aux aisselles et au pubis chez les garçons et chez les filles ;

par le développement des seins chez les filles ; par la mue de la voie, l'apparition de la barbe et du poil à la poitrine chez les garçons. Simultanément les organes génitaux s'acheminent vers la maturité rendant possible la procréation. Chez les filles apparaissent les menstruations et chez les garçons la production du sperme.

Il est difficile de se voir subitement avec des jambes trop longues, d'avoir pris parfois 20 cm en quelques mois, de voir de nouvelles formes à son corps, de s'entendre parler avec une autre voix, de ne pas comprendre pourquoi la sensibilité devient si grande, d'avoir envie d'être un petit enfant et en même temps une grande personne. De quoi être anxieux !

Qui suis-je ?

En même temps qu'apparaissent les transformations physiques, s'opère aussi une évolution psychologique dont fait partie l'éveil sexuel.

Dans un laps de temps relativement court, les jeunes passent de l'enfance à l'adolescence. Ce passage entre deux phases différentes amène les jeunes à s'interroger sur leur identité. Physiquement et psychologiquement ils ne sont plus des enfants et ne sont pas pour autant des adultes bien qu'ils ressentent déjà dans leur être les attraits de cette phase.

Qui sont-ils ?

Au moment où l'incitation à délaisser les comportements infantiles devient impérieuse, l'interdiction sociale d'adopter des comportements adultes peut créer des tensions. Les jeunes sont alors pris dans un dilemme. Que faire ? Ne pas se comporter en enfant ni en adulte ?

Rompant les liens de dépendance propres à la phase infantile, les jeunes rejetteront de façon souvent agressive les figures d'autorité représentées par des adultes, entre autres par les parents.

Ce rejet de l'autorité adulte n'est pas synonyme d'anarchie. Les jeunes accepteront, à l'intérieur du groupe de jeunes ou de la bande, de se soumettre à l'autorité d'un de leur pair reconnu comme chef.

Cette appartenance à un groupe de jeunes, ressentie comme un besoin, devient un milieu où l'adolescent apprend à se découvrir comme membre du groupe et effectue un apprentissage social.

Au sein du groupe, en plus de partager des valeurs et des idéaux, les jeunes trouvent une source de compréhension et de valorisation et l'occasion de développer leur estime de soi.

Les valeurs des adultes, entre autres celles de l'école, entrent alors en contradiction avec celles des jeunes. Les remarques et les recommandations des parents deviennent agaçantes.

C'est dans ce contexte, dans ce qu'il est en train de vivre, sa vision de l'autorité, ses aspirations, ses besoins de compréhension et de valorisation, l'importance des amis, que l'adolescent effectue sa rupture avec le monde scolaire.

Le fait que les parents interprètent cette nouvelle façon de vivre et celle de se comporter comme de la révolte et quelquefois de l'ingratitude, au lieu d'arranger les choses ajoute de nouvelles tensions à celles existant déjà.

Il peut arriver que sous le poids des événements, comme quelqu'un se débattant pour ne pas mourir asphyxié, le jeune réagisse

plus ou moins violemment, froissant ceux qui, selon lui, l'empê-
chent de respirer.

Aux yeux des adultes, il apparaîtra comme étant rebelle à
l'autorité alors qu'il s'agit plutôt d'une réaction de survie. Tout
dépend du point de vue où l'on se situe.

Comme un fruit savoureux caché sous une pelure rugueuse, le
décrocheur scolaire peut camoufler sous des comportements
agressifs sa fragilité et sa vulnérabilité qui se laissent cependant
découvrir lorsqu'on lui cède l'espace nécessaire pour s'exprimer
et qu'on accepte de l'écouter sans le juger ni le condamner. Sous
des dehors de dureté ou d'indifférence se cachent quelquefois une
certaine détresse, une certaine peur, une certaine anxiété. Quitter
les sentiers battus, bâtir sa vie en dehors de la voie la plus fréquen-
tée qu'est l'école peut provoquer de l'insécurité.

Si chez certains décrocheurs la rupture avec l'école s'accompagne de tensions et de frictions, pour d'autres, particulièrement
ceux ayant déjà un emploi, la séparation s'effectue en douceur.
Certains partent de leur plein gré, en bons termes avec tout le
monde simplement parce que l'école ne répond plus à leurs objectifs, qu'ils ne la considèrent pas comme une garantie de succès
dans la vie et qu'y demeurer devient un pur non-sens. Peut-on
reprocher à quelqu'un de poser un geste cohérent avec sa pensée ?

Jusqu'ici nous avons parlé du décrocheur abandonnant l'école.
En fait, il existe deux types de décrocheurs. La littérature améri-
caine distingue les décrocheurs quittant l'école, les « drop out »,
de ceux ne quittant pas l'école mais ne produisant plus, les « drop
in ».

Ceux ayant songé à abandonner l'école et n'ayant pas donné
suite à leur idée deviennent, selon l'expression anglaise des « drop

in », c'est-à-dire des décrocheurs de l'intérieur. Ils décrochent de l'école sans la quitter pour autant.

Ces élèves demeurent à l'école sans s'y intégrer totalement. Au point de vue comportement ils se situent la plupart du temps à la limite de l'interdit. Voici quelques exemples : ne voulant pas quitter l'école, ils s'absentent fréquemment mais toujours en tenant compte du taux d'absences permis. Si un taux d'absences inférieur à 10 % est toléré et n'entraîne pas de sanction, le drop-in s'y conforme la plupart du temps. Si par hasard il dépasse la limite permise, il produit des justifications d'absences souvent signées par ses parents. Cette complicité parentale, inavouée, le renforce dans son comportement de décrocheur. Au point de vue travaux scolaires et études, le drop-in se tient dans la médiocrité. Il produit pour obtenir la note de passage 60 % dans les matières jugées essentielles selon ses propres critères et relègue aux oubliettes les matières considérées « sans importance ». Au lieu de fournir un effort correspondant à ses capacités, il se contente du minimum. Quand il se fait prendre à son propre jeu, et qu'il n'atteint même plus son objectif de 60 %, il quitte et devient « drop out ».

En fait n'est-ce pas mieux de quitter l'école que d'y demeurer sans être vraiment motivé ?

Même si pour certains « drop in » l'abandon pourrait apparaître comme une « solution », nous devons nous conformer aux exigences de la loi. Légalement, un élève doit terminer l'année scolaire pendant laquelle il a atteint l'âge de seize ans.

Parmi les facteurs pouvant inciter fortement le « drop in » à demeurer à l'école, citons : le désir de demeurer avec ses amis ; la difficulté de s'affirmer ouvertement et de manifester son désaccord avec l'école par le geste d'abandon ; les pressions sociales : peur d'une punition de la part des parents, pouvant aller jusqu'au renvoi du foyer ; peur d'être montré du doigt et considéré par l'entourage comme un marginal et un paresseux, etc. Comme on peut le constater, le vécu d'un décrocheur scolaire peut présenter de multiples facettes rendant sa compréhension complexe.

***

IMPORTANT

Chaque décrocheur scolaire est unique et possède sa propre histoire qu'aucun « portrait robot » ne peut reproduire fidèlement.

Avant de trouver des solutions il faut d'abord scruter cette histoire.

POINT DE VUE DES EXPERTS

Caractéristiques négatives

① Au plan personnel ces jeunes auraient une attitude rebelle devant l'autorité. (Bachman et al. 1968, National school public relation association 1972.)

② Au point de vue scolaire leurs notes seraient insuffisantes, beaucoup d'entre eux redoubleraient leurs classes et leur dossier scolaire ferait état de nombreux échecs. (Barnes, 1973 ; Schreiber, 1969 ; Somda. 1978)

③ Les décrocheurs seraient défavorisés à divers points de vue : d'une part ils viendraient de parents moins scolarisés que l'ensemble des parents. (Barnes, 1973 ; Meachan et Mink, 1970 ; Gendron, 1981) ; d'autre part ils rencontreraient des difficultés au plan socio-économique (Bourbeau et al., 1971 ; Zamanzadeh et Prince 1978).

④ Les décrocheurs manqueraient de motivation, s'impliqueraient peu dans la vie de l'école, seraient isolés socialement et s'absenteraient souvent. (Dacey, 1971 ; Meachan et Mink, 1970).

Caractéristiques positives

Selon Cope et Hannah (1975) les décrocheurs seraient «plus autonomes, plus sensibles à leurs émotions, capables d'une plus grande ouverture d'esprit, d'une vision plus complexe des choses» que les autres élèves ne quittant pas l'école et appelés les «persistants» ; ils seraient moins conformistes et plus aptes à sortir des sentiers battus en dérogeant aux normes socialement acceptées. (Coulombe, 1981).

Selon des études effectuées au Québec (Boucher et Morose 1978) et en France (ARCOS 1979) il serait faux de prétendre que les décrocheurs proviennent généralement de famille en difficulté.

Selon Fine et Rosenberg (1983) les décrocheurs seraient ni des inadaptés, ni des déviants, ni des incapables mais plutôt des résistants conscients des contradictions existant entre l'institution scolaire et le vécu des jeunes. [1]

« ...parmi ceux qui demeurent aux études, la grande majorité considère l'école comme un mal nécessaire, un prix à payer pour accéder un jour au diplôme et au travail. Ils sont en désaccord avec les valeurs de l'école et ils ont à peu près tous songé à abandonner les études.» [1]

---

1. Caouette, Charles, «L'abandon scolaire : une réaction inadaptée à l'inadaptation de l'école», *Afides*, n°4, 1985, pp. 41 à 45.

« ... parmi ceux qui demeurent aux études, la grande majorité considère l'école comme un mal nécessaire, un prix à payer pour accéder un jour au diplôme et au travail. Ils sont en désaccord avec les valeurs de l'école et ils ont à peu près tous songé à abandonner les études. »[1]

---

1   Caouette, Charles. « L'abandon scolaire : une réaction inadaptée à l'inadaptation de l'école », *Afides*, n° 4, 1985, pp. 41 à 45.

POURQUOI UN JEUNE DÉCIDE-T-IL D'ABANDONNER L'ÉCOLE ?

> *« Mon fils a lâché l'école,*
> *et je ne sais pas très bien*
> *pourquoi !»* Une mère

Pour quels motifs un jeune quitte-t-il l'école ?

Au cours des années 1975 à 1981 où j'ai exercé la fonction de conseiller en fréquentation scolaire, j'ai effectué des recherches visant à mieux connaître ma clientèle. Les motifs d'abandon suivants sont ressortis de ces recherches.

1. JE « FOXAIS » MES COURS

Dans le langage des élèves, « foxer » signifie s'absenter sans motif valable. On distingue deux catégories d'absences :

a) les absences sporadiques, se produisant occasionnellement.

b) les absences chroniques, se répétant sans cesse et pour lesquelles les remèdes sont rares.

a) Les absences sporadiques

Chaque école possède dans son environnement un dépanneur ou un casse-croûte ou un restaurant affectionné par les élèves faisant l'école buissonnière.

Exemple : Occasionnellement, pour éviter un cours considéré comme ennuyeux ou peu important ou lorsque le cours est donné par un suppléant en l'absence de l'enseignant régulier, Johanne sort de l'école, traverse la rue et se rend au restaurant pour y passer la période.

Pendant ce temps, elle discute avec des amis et à l'occasion elle fume un joint.

Au bout de cinquante minutes elle revient à l'école et se présente au cours suivant.

Les absences sporadiques conduisent habituellement aux absences chroniques : l'élève, s'absentant de temps en temps, finit par prendre goût aux absences, ou ses absences font en sorte qu'il(elle) ne puisse plus suivre les cours parce qu'il a « perdu le fil » de l'histoire.

b) Les absences chroniques

Exemple : Chaque matin, en descendant de l'autobus, Josée n'entre même pas dans l'école. Avec ses amis elle se dirige vers le centre d'achat. Elle y passera la journée, se promenant de magasin en magasin, « piquant » à l'occasion un objet, sans valeur selon elle.

Il arrive que Josée et ses amis se rendent au domicile de l'un d'entre eux. Que se passera-t-il ?

Rendu à ce stade, les absences conduisent directement aux échecs. C'est pourquoi il est important, pour les parents voulant suivre leur enfant, d'être toujours bien informés des absences de ce dernier.

2. J'AVAIS DES ÉCHECS DANS MON BULLETIN

Les échecs peuvent survenir de quatre façons :

a) l'élève ne travaille pas et n'étudie pas ;

b) l'élève travaille bien mais rencontre des difficultés ;

c) l'élève a eu une malchance ;

d) l'élève a manqué trop d'explications à cause de ses absences.

Les absences ne sont pas toujours du « foxage ». Certains élèves manquent l'école pour des raisons très valables, entre autres la maladie. Cependant, les conséquences sont souvent les mêmes.

3. JE N'ÉTUDIAIS PRESQUE PAS

On qualifie souvent de « paresseux » les élèves ne travaillant pas suffisamment à l'école. Il existe sûrement des enfants paresseux comme il existe des adultes paresseux. Cependant, je ne crois pas que tous les élèves en apparence paresseux le soient. Bon nombre de jeunes n'ont jamais appris à faire d'efforts parce qu'ils ont été habitués à tout recevoir de façon gratuite. L'expression québécoise « recevoir tout cuit dans le bec » rend bien cette idée. J'appelle génération à pitons les enfants ainsi formés.

La génération à pitons

Il n'est pas rare de rencontrer des élèves dont l'ambition se résume à gagner le plus d'argent possible en travaillant le moins possible, comme il arrive de rencontrer des adultes se faisant une fierté de gagner un salaire à « ne rien faire ». Ce sont les sous-produits de la génération à pitons.

Faut-il blâmer ces « traîne-la-patte » ? Sans les disculper entiè-rement, on doit reconnaître que notre société de technologie ne stimule pas l'effort. Des enfants n'apprendront que tard, sinon jamais, à devenir leurs propres pourvoyeurs de soins. Ils n'évolue-ront pas beaucoup au plan de l'autonomie, demeurant sans cesse comme des bébés attendant leur biberon. Pourquoi ? Parce qu'on ne leur a pas appris. Dès qu'ils s'éveillent à leur environnement et qu'ils sont en mesure d'agir sur ce dernier ils découvrent très tôt qu'il suffit d'appuyer sur un « piton » (traduction populaire de commutateur) pour obtenir de la lumière, de la chaleur, un choco-lat au lait bien brassé, et avec l'argent distribué généreusement par maman et papa, il suffira d'appuyer sur un autre « piton » pour obtenir des bonbons, une « cannette » de liqueur et tout ce qu'une machine distributrice peut offrir.

Un peu comme on apprend à des rats de laboratoire à utiliser des manettes pour se procurer de la nourriture, on apprend à nos enfants à utiliser l'automatisme au lieu de l'effort. « On ne peut pas aller contre le progrès » disait quelqu'un, mais à quel prix !

Même notre système d'éducation est tombé dans le piège et contribue, depuis ce temps, à la reproduction de la génération à « pitons ».

En 1968, mon arrivée dans le système d'éducation a coïncidé, du moins dans la nouvelle et très grosse polyvalente où j'étais affecté, avec l'entrée massive de l'audio-visuel. Et une couple d'années plus tard entrait en fonction un système d'imprimerie nouveau produisant ses propres stencils par photocopie et n'exi-geant plus la retranscription manuelle sur stencils comme aupara-vant. Je me souviens de cette époque. En profitant de la nouvelle technologie, nous, les enseignants pouvions inonder nos élèves de notes polycopiées, supprimant ainsi l'effort d'écrire. Et, en les submergeant de sons et d'images, nous les dispensions de l'effort d'apprendre. Il a suffi d'un court laps de temps pour développer chez les élèves une dépendance telle que le professeur voulant donner des notes à écrire passait pour un « bourreau » d'élèves et même un pédagogue rétrograde.

En même temps que la nouvelle technologie faisait son apparition, on inaugurait le début d'une ère nouvelle, celle axée sur la productivité matérielle et la rentabilité monétaire. Désormais des valeurs nouvelles empreintes de matérialisme supplanteraient, jusqu'à un certain point, les valeurs morales et intellectuelles. À quoi bon travailler, suer et faire des efforts, quand on peut faire travailler les machines à notre place? Pourquoi apprendre toutes sortes de choses quand l'important c'est de savoir compter (voire même utiliser la calculatrice), et de parler anglais à cause des exigences du marché du travail.

Nos enfants ne sont pas vraiment des paresseux mais des enfants sachant « exploiter » le système dont nous les avons dotés.

4. JE NE M'ENTENDAIS PAS BIEN AVEC UN OU DES PROFESSEURS

Il est difficile d'enseigner une matière « impopulaire » tout en gardant son calme et sans risquer d'être à bout de nerfs. Aujourd'hui, certaines matières sont jugées importantes par les élèves parce qu'elles sont nécessaires pour être admis dans d'autres cours, dont le cours collégial.

Les conflits avec les enseignants prennent souvent leurs racines dans la contestation, sous forme d'indiscipline, des exigences d'un cours. « Tel prof. est trop sévère, il nous fait trop travailler. »

Il se peut qu'un enseignant, par déformation professionnelle, exige trop des élèves compte tenu de l'importance de sa matière dans la grille de cours. Exemple : un enseignant exigeant de ses élèves des travaux de précision accaparant deux heures dans la soirée et grugeant le temps normalement consacré à d'autres matières jugées plus importantes pour l'obtention du diplôme ou le choix d'une carrière.

À ce moment-là, les parents doivent faire part de leurs doléances à la direction de l'école à qui il incombe d'intervenir ; le cas échéant se plaindre au comité d'école ou autre instance où siègent des parents. Car, il faut bien le reconnaître, il arrive que des parents se sentent impuissants en face du personnel d'une école et ne sachent pas comment revendiquer leurs droits. En dernier ressort s'adresser à la commission scolaire ou aux commissaires.

5. JE N'AIMAIS PAS LES ÉTUDES

Pour mieux comprendre ce motif, lire le chapitre sur la motivation allant des pages 113 à 133, puisqu'il s'agit de non-motivation.

L'approche de certains enseignants a souvent comme effet de donner aux élèves non-motivés le goût des études. Bravo aux enseignants capables de remotiver les élèves !

Cependant, pour certains élèves, l'attrait du marché du travail est si fort qu'il semble difficile de les motiver aux études. Dans un tel cas, on peut essayer d'aider ces élèves en tentant de leur faire prendre conscience que le métier qu'ils aimeraient exercer nécessite une formation dispensée par l'école.

6. LES COURS ÉTAIENT ENNUYEUX

Essayons de comprendre ce que peut ressentir l'élève non-motivé obligé d'assister à un cours de 50 à 60 minutes. Dans de telles conditions le cours le plus intéressant ne saurait satisfaire l'un de ces élèves pour qui intéressant signifie souvent « ne rien faire. »

7. JE NE FAISAIS PRESQUE PAS DE DEVOIRS

Pour ce point, on pourra revoir les commentaires du paragraphe 2. Notons que ne pas faire les devoirs demandés conduit ordinairement aux échecs.

8. J'AVAIS BESOIN D'ARGENT

Pour d'autres jeunes, refroidis par le chômage des gens instruits (d'après ce qu'ils disent), l'école ne représente plus la porte principale d'entrée sur le marché du travail, elle n'attire plus, elle n'est plus motivante, bien au contraire elle apparaît comme un lieu de stagnation et de perte de temps parce qu'elle ne semble plus préparer les gens à gagner de l'argent. Alors le temps passé à l'école correspond à une période de dépendance surtout si elle coïncide avec ce besoin « immense » d'autonomie dont la satisfaction semble devoir passer obligatoirement par la possession d'argent.

En effet, le travail de soirée ou de fin de semaine compte bien peu pour satisfaire les nombreux désirs et réaliser les nombreux souhaits subtilement injectés dans l'esprit des jeunes par la publicité de la société de consommation.

Cette publicité présente un tas de « gadgets » comme essentiels à la vie actuelle. Tablant sur le besoin d'estime de soi, la réclame fait de ces nombreux produits des articles à posséder absolument par celui ou celle se disant bien de son temps. Ces divers produits varient de façon à rejoindre le style auquel le jeune dit appartenir. Ainsi, les vitrines affichent, à des prix exorbitants, des vêtements que nos grands-parents reconnaîtraient facilement comme ayant appartenu à l'époque de leur adolescence et figurant aujourd'hui parmi le grand chic d'une mode affectionnée d'une partie de la jeunesse contemporaine. On vend même, au prix de chaussures neuves, dans des surplus de l'armée, des bottines usagées et déformées, « ayant fait la guerre » et plus. Notons que ces bottes s'accolent très bien à l'image de toute puissance de nos petits « Rambo ». On trouve aussi à certains endroits, des « jeans » usagés, ayant fait la vie et ornés de quelques trous, comme cachet d'authenticité.

À l'habillement déjà fort dispendieux s'ajoutent les consommations, alcool ou drogue, variant de prix selon le produit ; les transports vers les bars, les discothèques ou les arcades ; le tout dépassant de beaucoup le simple argent de poche d'un étudiant, surtout s'il possède sa propre auto achetée à crédit.

Comment arriver à se payer tout cela quand papa ou maman ne veut plus en assumer les frais ? Pour certains, le métier d'écolier ne paie pas suffisamment et l'ajout de revenus supplémentaires s'impose aux quelques heures de travail hebdomadaire. Il est bien connu que le vol, même chez des adultes, vient combler le déficit des fins de mois, ce moyen cependant ne fait pas l'unanimité. Que reste-t-il ? Quitter l'école, se trouver une « jobine » et travailler, ou rester à l'école et végéter ? Quitter ou rester ? Voilà la question.

9. J'AURAIS EU BESOIN D'AIDE PARTICULIÈRE ET JE NE L'AI PAS EUE

Le questionnaire ne précise pas s'il s'agit de l'aide des parents ou de celle de l'école. Quoi qu'il en soit, certains parents sont incapables d'aider leurs enfants dans leurs devoirs scolaires, soit parce qu'ils n'ont pas été scolarisés, ou parce que les méthodes d'enseignement ont évolué et qu'ils ne s'y retrouvent pas malgré leur scolarisation, soit encore parce qu'ils n'ont pas le temps.

Il faut alors encourager le jeune à demander de l'aide à son professeur.

10. J'AI MANQUÉ DES COURS POUR CAUSE DE MALADIE

Comme nous le disions ci-dessus, les absences motivées produisent les mêmes effets que les absences non-motivées.

11. J'AVAIS DE LA DIFFICULTÉ À COMPRENDRE

Il arrive que des problèmes d'apprentissage ou des retards scolaires soient la cause de manque de motivation, d'échecs et d'abandon.

Il existe dans les écoles des services de psychologie, d'orientation, de support scolaire. Les professionnels de ces services sont en mesure d'aider les jeunes sur demande.

12. JE N'AI PAS EU L'OPTION QUE JE VOULAIS

Il ne dépend pas du bon vouloir de la direction de l'école de permettre l'accès à un cours (exemple : électricité). Lorsque l'élève possède les qualifications préalables pour être admis, l'école l'y inscrit.

Les qualifications préalables consistent en la réussite antérieure d'une ou plusieurs matières nécessaires à la compréhension d'autres cours.

13. MES PARENTS AVAIENT BESOIN DE MOI

Certains parents retirent leurs enfants de l'école pour les faire travailler à l'entreprise familiale, par exemple à la ferme.

14. JE NE M'ENTENDAIS PAS BIEN AVEC MON DIRECTEUR

Il s'agit de conflits pour lesquels le questionnaire ne donne pas de précisions.

15. JE NE M'ENTENDAIS PAS BIEN AVEC D'AUTRES ÉLÈVES

Certains jeunes sont rejetés par d'autres et traités avec cruauté : ridiculisés, battus, volés etc. Le récit de Pascal en témoigne (voir pp. 91-92)).

16. JE PENSAIS QUE L'INSTRUCTION N'ÉTAIT PAS NÉCESSAIRE

Des élèves, voyant qu'il existe des chômeurs instruits, diront que l'école n'est pas nécessaire pour gagner sa vie.

***

IMPORTANT

Un élève non-motivé peut difficilement atteindre les objectifs fixés par l'école. Ainsi la plupart des absences et des échecs découleraient de la non-motivation.

Certains parents se font les complices de leurs enfants quand ils signent des billets justifiant des absences de fait non-motivées.

Même si la modernisation rend la vie des humains plus agréable, il n'en demeure pas moins que l'effort est l'un des moyens essentiels pour acquérir l'autonomie.

DES CHIFFRES QUI PARLENT

Tableau 5

	Motifs d'abandon	Fréquence %	absolue
1	« Je foxais » mes cours.	52,6	60
2	J'avais des échecs sur mes bulletins.	36,3	41
3	Je n'étudiais presque pas.	33,3	38
4	Je ne m'entendais pas bien avec un ou des professeurs.	33,3	38
5	Je n'aime pas les études.	31,6	36
6	Les cours étaient ennuyeux.	28,7	33
7	Je ne faisais presque pas de devoirs.	26,3	30
8	J'avais besoin d'argent.	23,7	27
9	J'aurais eu besoin d'aide particulière et je ne l'ai pas eue.	23,5	27
10	J'ai manqué des cours par maladie.	20,2	23
11	J'avais de la difficulté à comprendre ce que le professeur disait.	20,2	23
12	Je n'ai pas eu l'option que je voulais.	17,4	20
13	Mes parents avaient besoin de moi.	12,3	14
14	Je ne m'entendais pas bien avec mon directeur.	8,8	10
15	Je ne m'entendais pas bien avec d'autres élèves.	7,9	9
16	Je pense que l'instruction n'est pas nécessaire.	2,6	3

Source : Rivard, Claude, texte inédit.

LE DÉCROCHAGE SCOLAIRE, UN PHÉNOMÈNE SOCIO-ÉCONOMIQUE ?

Des parents peu fortunés interprètent quelquefois les faibles résultats, les échecs et même l'abandon scolaires de leur enfant comme si derrière ces déboires se cachaient le destin, la fatalité et la mauvaise fortune qu'ils considèrent comme collés à la peau des gagne-petit vivant dans des conditions socio-économiques précaires. Un père disait : « Dans ma famille personne n'a été à l'école longtemps. Mon grand-père n'a presque pas été à l'école, mon père non plus et moi j'ai été au secondaire un an. J'aurais été surpris si les choses avaient changé avec mes enfants. »

Peut-on stimuler et encourager les enfants à l'étude quand on est déjà convaincu que, de toute façon, ils ne se rendront jamais très loin.

Cette résignation devant « le destin » et les faibles aspirations qui en découlent peuvent-elles nous aider à comprendre les chiffres fournis par le ministère de l'Éducation (Relance 1978), selon lesquels les taux d'abandon scolaire seraient plus ou moins élevés selon la catégorie de travailleurs.

Dans une catégorie on retrouve des personnes dont le statut professionnel est élevé : des professionnels, des cadres moyens ou supérieurs et des semi-professionnels, recevant un salaire supérieur à la moyenne et se distinguant par leur degré d'instruction. Les taux d'abandon chez les enfants de ces travailleurs varient entre 10,1 % et 14,5 %.

Dans l'autre catégorie on retrouve des personnes occupant des postes subordonnés, dont le statut professionnel et le degré de scolarité sont moins élevés que ceux de la première catégorie. Les

taux d'abandon scolaire chez les enfants de cette deuxième catégorie varient entre 37,7 % et 40,3 %.

En nous appuyant uniquement sur ces données, on serait tenté
de croire que le rôle du statut socio-économique de la famille dans
la poursuite des études est primordial.

Sans nier l'importance du statut socio-économique de la famille dans la scolarité des jeunes, nous devons reconnaître qu'il
n'est pas le plus important. Bien que les taux d'abandon soient
plus élevés chez les enfants de familles économiquement
moyennes ou faibles, il n'en demeure pas moins que 60 % d'entre
eux ont persévéré dans la poursuite de leurs études. Il semble,
selon certaines études, que le support et l'encouragement appor-
tés au jeune par ses parents pèsent beaucoup plus dans la réussite
et la persévérance scolaires que l'aspect monétaire.

***

IMPORTANT

La possession de biens matériels ne constitue pas l'ultime
richesse, bien qu'un minimum soit nécessaire à une vie décente.

La vraie richesse réside davantage dans des valeurs humaines
visant le développement, l'épanouissement et la promotion de
l'être humain.

Les parents de condition économique moyenne peuvent posséder et léguer à leurs enfants cette richesse n'étant pas l'apanage
des bien nantis.

Cette richesse intérieure tissée d'amour et de compréhension
est de beaucoup supérieure à toute richesse matérielle.

Les enfants de famille moyenne ou pauvre développent souvent un sens du travail et de l'effort inconnu de ceux qui reçoivent tout « tout cuit dans le bec ».

Ne pas se sentir dévalorisé ou inférieur parce qu'on n'est pas riche matériellement mais au contraire être fier de posséder la vraie richesse et de la mettre au service des autres.

CES CHIFFRES DISENT-ILS VRAI ?

Tableau 6
Décrocheurs
Selon la catégorie d'appartenance des parents

Catégorie d'appartenance des parents	taux d'abandon				
première catégorie	entre	10,0	et	14,5 %
deuxième catégorie	entre	37,7	et	40,3 %
Différence		20,7		25,8 %

Source : gouvernement du Québec, *Relance 1978*.

POINT DE VUE DES EXPERTS

«Une étude importante a démontré l'existence d'une relation étroite entre le milieu familial et les résultats scolaires (Fraser, 1959). L'évaluation du milieu familial portait sur quatre aspects :

1   l'aspect culturel, mesuré par le niveau d'instruction des parents et leurs habitudes de lecture ;

2   l'aspect matériel tels : le revenu, la profession, la taille de la famille ;

3   les attitudes des parents à l'égard de la carrière scolaire et professionnelle de l'enfant ;

4   le degré «d'anormalité» du foyer — par exemple, famille monoparentale, mère travaillant à l'extérieur, climat familial.

Il a été démontré qu'il existe des corrélations — variant de 0,33 à 0,66 — entre les divers indicateurs du milieu familial d'une part, et le Q.I (quotien intellectuel) et les notes scolaires d'autre part.

Toutefois, il convient de noter que la corrélation la plus forte est observée en ce qui a trait à l'encouragement donné par les parents à la carrière scolaire et professionnelle de l'enfant. Cette relation démontre l'importance capitale que revêtent les relations entre parents et enfants et l'intérêt exprimé par les parents à l'endroit de l'enfant.»[1]

---

1   Lévesque, Mireille, L'égalité des chances en éducation, p.69

DEUXIÈME PARTIE : L'INTERVENTION

L'INTERVENTION

Pour pouvoir intervenir, il faut d'abord avoir des motifs, se trouver devant une situation nécessitant des changements et des améliorations. Un médecin ne soigne pas un patient si celui-ci ne présente aucun symptôme. Il en va de même dans le domaine scolaire. Une fréquentation scolaire est saine lorsque les élèves se présentent à l'école de façon assidue, qu'ils portent intérêt aux cours (c'est-à-dire qu'ils sont motivés), et qu'ils atteignent les objectifs d'apprentissage proposés à travers les programmes d'enseignement et vérifiés par des examens.

COMMENT RECONNAÎTRE QUE NOTRE ENFANT S'ACHEMINE VERS L'ABANDON SCOLAIRE ?

SYMPTÔMES

Si la présence assidue à l'école et des notes suffisantes démontrant les apprentissages de l'élève, sont des signes de saine fréquentation scolaire, au contraire, des absences pouvant totaliser six jours dans les mois de septembre et octobre, et une baisse des notes, particulièrement en français, sont les symptômes d'un malaise.

Évidemment, pour considérer les absences comme des symptômes encore faut-il que les parents en soient informés. Malheureusement, il arrive que les messages de l'école soient interceptés par le jeune et que le numéro de téléphone des parents soit confidentiel ou falsifié. Il devient alors difficile d'informer les parents. Un conseil : si des parents ont des doutes au sujet de la fréquentation scolaire de leur jeune, pourquoi ne pas entrer en communication avec l'école ?

À ces deux indices pourraient s'ajouter un certain désintérêt pour les travaux scolaires et l'étude, et des échecs répétés.

Le désintérêt

Il ne s'agit pas ici d'une préférence marquée pour le jeu au lieu des études, goût partagé par la plupart des jeunes. Non. Quand les parents sont obligés de se quereller avec leur enfant, chaque fois que c'est le temps d'étudier ou de faire des devoirs, il y a là un signe presque incontestable de non-motivation, signe avant-coureur d'abandon.

Il est facile de comprendre que des devoirs non faits et des leçons non apprises peuvent conduire à des échecs irrémédiables entraînant parfois le départ de l'école.

Des échecs répétés

Les échecs ont un double impact : ils entraînent à coup sûr le découragement et très souvent le renvoi de l'école. En effet, à mesure que les échecs s'accumulent le jeune voit ses chances de se rattraper fondre comme neige au soleil. De plus, constatant les signes d'un échec total, l'école préférera renvoyer l'élève et le réadmettre l'année suivante plutôt que de le garder, risquer de le démotiver encore plus et de développer chez lui une aversion contre l'école pouvant entraver tout retour éventuel aux études.

Entourant les échecs nous retrouvons la chute graduelle des notes, la diminution de l'attention en classe, le relâchement de la discipline, la médiocrité des travaux scolaires et de l'étude, tant du point de vue de la qualité que de la quantité ; autant d'indices pouvant laisser présager un décrochage éventuel.

TEST DE DÉPISTAGE

La commission scolaire régionale Meilleur a mis au point un test de dépistage des décrocheurs scolaires, le test P.A.S., comportant cinq dimensions et onze indices d'interventions (cf. tableau 7).

Ordinairement ce test, réservé à l'usage des écoles, demeure méconnu des parents. Cependant, le fait d'en connaître la structure générale et les principaux points servant au dépistage peut s'avérer un guide fort utile pour l'observation.

Les dimensions du test, *rendement, comportement, motivation, personne, famille,* parce qu'elles sont très générales et abstraites comporteraient des difficultés pour l'observateur si les indices d'intervention ne venaient les rendre plus concrètes.

Dans les lignes qui suivent nous présentons les indices à partir de l'expérimentation de ce test depuis quelques années.

EXEMPLES :

Le rendement

Se traduisant par des résultats et des notes, le rendement acquiert un sens en regard de l'abandon scolaire, à condition de pouvoir l'interpréter. Il ne suffit pas de constater que les résultats de notre enfant sont bas, voire nuls, pour poser une intervention adéquate. Encore faut-il en connaître le pourquoi.

Il arrive que des parents s'acharnent sur leur enfant, en croyant, par des punitions et parfois de la violence, pouvoir changer le cours des événements. Les indices d'intervention 1 et 2 doivent être considérés avant d'intervenir.

Indice 1 : difficulté et/ou retards scolaires au secondaire.

On aurait beau user de toutes les sanctions possibles qu'aucune amélioration ne se ferait sentir. Comment savoir s'il s'agit de cet indice ? Seuls des professionnels de l'école, psychologue, conseiller d'orientation et orthopédagogue, peuvent en informer les parents. De plus, ces personnes peuvent même suggérer des moyens d'intervention ou des personnes ressources à consulter.

Indice 2 : manque d'étude.

Si vous avez la certitude qu'il ne s'agit pas de l'indice 1 parce que vous avez déjà consulté un professionnel, il se peut que l'indice 2 soit concerné. Que faire ? D'abord, observer si votre enfant étudie à la maison. Les parents assurant un encadrement des études de leur enfant à la maison pourront répondre à cette question sans difficulté.

Si votre enfant n'étudie pas à la maison, il faudrait en connaître les motifs. Il est faux de croire que le travail scolaire à la maison se limite aux devoirs. À ce propos, une croyance disant que les mathématiques ne s'étudient pas serait fort répandue dans la population étudiante du cours secondaire. « Il suffit d'écouter en classe et de faire ses devoirs, dit-on. » Les témoignages de plusieurs élèves nous ont révélé le contraire. Nous en reparlerons puisque nous aborderons la méthode d'étude.

Selon les talents de chacun, un temps d'étude plus ou moins long, pouvant aller jusqu'à 75 minutes fermes par soir, est nécessaire en dehors des heures de classe.

Par minutes fermes on entend un réel temps d'étude. Selon des témoignages de jeunes subissant des échecs scolaires, certains écoliers ouvriraient leurs livres pour étudier mais n'étudieraient presque pas, se baladant du réfrigérateur à la télévision en passant par le téléphone.

Un rôle important incombe aux parents dans l'étude à la maison. L'idéal serait d'arriver à négocier avec son enfant la part de temps consacrée aux études et celle consacrée au jeu. Certains parents ont conclu des ententes même écrites avec leurs enfants, une sorte de contrat signé par l'enfant et les parents où sont inscrits le partage du temps d'étude et du temps de loisir ainsi que les heures de sortie le soir et même les fins de semaine. Une telle entente suppose que le jeune connaisse la nécessité de l'étude, bref qu'il soit motivé. La motivation sera traitée plus loin.

Si votre enfant étudie sans connaître de succès, tout en sachant que ses échecs ne sont pas attribuables à des problèmes d'apprentissage, il faudrait porter attention à sa méthode d'étude et à son attention en classe.

L'absence d'une méthode d'étude efficace peut se solder par une dépense infructueuse d'énergie et de temps.

En général, à part quelques exceptions telles que apprendre du vocabulaire, l'étude comporte une part de compréhension et une part de mémorisation, et cela vaut pour les mathématiques.

En animant des groupes de motivation, quelques constatations sont ressorties.

PREMIER EXEMPLE

Une élève ayant suivi le cours de mathématiques 434 et l'ayant réussi se voit dans l'obligation de le refaire à cause d'un changement d'école. En effet, à l'école où elle venait de s'inscrire, les mathématiques 434 étaient à l'horaire de la première partie de la cinquième secondaire et les mathématiques 534 à l'horaire de la deuxième partie. Bien qu'elle ait réussi l'année précédente elle échoua en mathématiques 434 la deuxième fois.

Découragée et ne comprenant pas ce qui se produisait, cette élève vint me consulter. Après avoir fait le bilan de son étude en mathématiques, il apparut qu'elle avait négligé cette matière se disant qu'elle l'avait déjà vue l'année précédente. Mais voilà entre l'année précédente et l'année en cours deux mois de vacances s'étaient écoulés et elle avait oublié.

DEUXIÈME EXEMPLE

Des élèves se plaignaient de bien réussir dans les devoirs de mathématiques mais d'échouer aux examens. Après en avoir discuté, nous en sommes venus à la conclusion suivante : les devoirs à faire à la maison portent ordinairement sur la matière vue au cours de la journée et les explications sont encore toutes fraîches à la mémoire, tandis que les examens portent sur la matière vue depuis un laps de temps plus ou moins long et la matière a été oubliée.

J'ai proposé à ces élèves la méthode que j'ai toujours utilisée pendant mes études en me disant qu'il valait mieux avoir une méthode même imparfaite plutôt que de ne pas en avoir.

J'expose ici cette façon d'étudier les mathématiques et aussi l'histoire, la géographie etc. À noter que cette méthode vise à améliorer la mémorisation et ne supplée pas à la compréhension. D'un autre côté, la compréhension seule sans la mémorisation ne suffit pas pour réussir des examens à long terme. Exemple, une matière vue et comprise en septembre nécessite une certaine mémorisation pour assurer la réussite de l'examen de décembre. C'est pourquoi l'étude même des mathématiques est nécessaire.

PROPOSITION D'UNE MÉTHODE

Matériel requis :

Un cahier à spirales pour éviter que les feuilles ne se détachent et ne se perdent.

But de ce cahier :

Ce cahier n'est pas un fourre-tout mais une sorte d'aide-mémoire. C'est pourquoi il est nécessaire de suivre une certaine procédure pour l'utiliser.

Façon de procéder :

L'élève inscrira dans ce cahier, de façon claire, aérée et synthétique, pour chaque type de problème vu dans l'année, un exemple de résolution de problème ou une démonstration faite par le professeur en classe.

Pour que le soin apporté à la confection de ce cahier ne nuise pas à l'écoute ni à l'attention en classe, l'élève confectionnera son cahier chez lui, le soir, à partir de ses notes de cours. La confection du cahier constitue déjà une étude. Elle consiste à extraire des notes de cours les éléments essentiels à retenir pour chaque problème et cela dans un ordre logique.

Comme il s'agit d'un aide-mémoire, l'élève utilisera autant que possible une seule page par problème, toutes les autres explications se trouvant dans son cahier de notes de cours.

Que faire maintenant avec ce cahier ?

Relire son cahier chaque jour à partir de la première page. Il faut l'expérimenter pour réaliser que cela est possible, sans prendre des heures. Après avoir relu les mêmes pages pendant un certain nombre de fois, l'élève en vient à se les approprier tellement que par la suite un seul coup d'œil suffit pour que la page entière remonte à la mémoire.

Le comportement

C'est par des gestes, des actions, des faits qu'on peut se faire une idée du comportement d'une personne. Hélas, trop souvent on juge les autres sur des apparences, on leur fait des procès d'intention. Exemple : quelqu'un disait d'un élève qu'il était paresseux, qu'il n'étudiait pas. Cette personne se basait uniquement sur les résultats scolaires. En fait, cet élève n'était nullement paresseux, au contraire il travaillait beaucoup mais à cause de ses retards scolaires il n'arrivait pas à suivre les autres. Au lieu de juger l'élève sur ses résultats scolaires, cette personne aurait dû aller à la recherche des faits notamment en communiquant avec les parents.

Indice 3 : rendement insatisfaisant.

Étant donné que dans toute la dimension rendement il est question de rendement insatisfaisant et qu'en analysant les indices 1, difficulté et/ou retards scolaires au secondaire et 2, manque d'étude, nous traitons implicitement de l'indice 3, pour ne pas nous répéter nous ne discuterons pas davantage de cet indice.

Indice 4 : attitude de rejet face à l'école. Il peut s'expliquer facilement lorsque l'élève vit des situations difficiles en milieu scolaire. Celui ou celle, qui est continuellement en butte aux échecs finira probablement par avoir l'école en aversion. Il en va de même de l'élève souffre-douleur ayant sans cesse à subir les railleries et les moqueries des autres et même quelquefois des mauvais traitements. Un adulte ne supporterait pas de telles situations, comment peut-on l'exiger des jeunes? De tels faits peuvent conduire à la démotivation et à l'absentéisme.

Indice 5 :   tendance à l'absentéisme.

Il ne s'explique pas toujours par une aversion pour l'école. Un manque de discipline personnelle et de sens des responsabilités, une inclination à se soumettre aux influences des autres, et enfin, une absence de motivation peuvent conduire à l'absentéisme. Pour poser des interventions préventives et curatives, il est important de comprendre les motifs d'absences d'un élève.

Le moyen privilégié pour une telle compréhension est encore la communication parents/enfants dont nous parlerons plus loin.

La motivation :

Indice 6 :   Attrait immédiat pour le marché du travail.

Indice 7 :   Désintérêt - décrochage.

Comme nous avons consacré plus loin un chapitre à la motivation, nous n'élaborerons pas ici sur ce sujet. Qu'il suffise de rappeler que l'attrait pour le marché du travail est relié aux motifs d'abandon : besoin d'argent et le fait de ne pas considérer l'instruction comme importante.

Quant au désintérêt pour l'école, indice 7, nous en avons montré diverses facettes dans la description du décrocheur (*drop in - drop out*).

La personne

Indice 8 :   Besoin d'être valorisé - encouragé.

Même si nous touchons ce sujet dans les chapitres sur le contexte familial, l'héritage culturel et les attentes, signalons que certains élèves, ayant cédé au découragement, n'auraient probablement pas quitté l'école s'ils avaient été encouragés et valorisés. *douteux cause personne a le temps*

Indice 9 :   Influence des amis VS aspirations scolaires.

Nous avons constaté que les amis, suivant la perception qu'ils ont d'un métier, d'une profession ou du prestige social rattaché à un secteur d'études peuvent influencer les choix de certains élèves.

Lorsque les élèves viennent au Centre d'Information Scolaire et Professionnelle (ISEP), dont je suis responsable, il n'est pas rare d'entendre certains tenter d'influencer le choix de leur camarade en disant : « Ça paye pas ce métier là » ou « C'est BS, pour Bien-Être Social ».

On remarque d'autre part, lors des inscriptions au CEGEP (collège d'enseignement général et professionnel), que les secteurs sciences de la santé et sciences pures jouissent d'un haut prestige social et c'est souvent avec regret que des élèves ne s'y inscrivent pas à cause de l'insuffisance de leurs notes.

Enfin, il arrive aussi que des amis « planifient » ensemble leur décrochage en espérant se retrouver dans un même emploi.

La famille

Nous traitons plus loin de la famille dans les chapitres sur le contexte familial, l'héritage culturel et les attentes des adultes face aux jeunes.

Indice 10 : Mésentente parents-enfants, son influence ne fait aucun doute sur la persévérance scolaire et les choix de carrière des jeunes.

Indice 11 : Peu de communication sur le vécu scolaire. Cet indice sera développé avec l'héritage culturel, etc.

Certains jeunes quittent le foyer familial et par conséquent l'école parce qu'ils ne s'entendent plus avec leurs parents.

Nous avons aussi pu observer l'impact de cet indice sur le choix d'une option ou d'un CÉGEP. Des parents font plus qu'exprimer leur désaccord face au choix de leur jeune, ils l'influencent carrément. Or, les jeunes s'engageant dans une voie qu'ils n'ont pas choisie finissent la plupart du temps par la quitter.

***

IMPORTANT

Les symptômes de l'abandon :

a) la chute brutale de la note de français (voir point de vue des experts p. 78.

b) l'équivalence de six jours d'absence dans les deux premiers mois de l'année.

c) un certain désintérêt pour les travaux scolaires et l'étude.

d) des échecs répétés.

e) les éléments permettant de reconnaître s'il s'agit de retards scolaires, de manque de travail ou de l'absence de méthode de travail.

Consulter en cas de doute et assez tôt pour qu'une intervention soit possible.

Une méthode de travail est essentielle.

Les choix personnels des jeunes ont besoin d'être éclairés tout en étant respectés.

POINT DE VUE DES EXPERTS

Tableau 7

Dimensions du test		Indices d'intervention
Rendement	1	Difficulté et/ou retard scolaire au secondaire.
	2	Manque d'étude.
	3	Rendement insatisfaisant.
Comportement	4	Attitude de rejet face à l'école.
	5	Tendance à l'absentéisme.
Motivation	6	Attrait immédiat pour le marché du travail.
	7	Désintérêt – Décrochage.
Personne	8	Besoin d'être valorisé – encouragé.
	9	Influence des amis VS aspirations scolaires.
Famille	10	Mésentente parents-enfant.
	11	Peu de communication sur le vécu scolaire.

Source : Commission scolaire régionale Meilleur, P.A.S., *Présentation du dossier*, A - 3.

Selon l'étude publiée en 1975 par la Commission des Écoles Catholiques de Montréal, certains signes annonciateurs d'un abandon scolaire éventuel peuvent être repérés dans les premiers mois de l'année scolaire :

a) une chute brutale de la note de français. Pourquoi la note de francais plutôt qu'une autre ? Il fallait utiliser comme repère une matière commune à l'ensemble des élèves. Or le français est une matière obligatoire figurant au bulletin de tout élève.

b) l'équivalence de six jours d'absence dans les deux premiers mois de l'année.

EXEMPLE : page du cahier

Décomposition en facteurs

Lois ou principes

a)
b)
c)
etc.

Application ou modèle

Donnée du problème

Résolution

COMMENT INTERVENIR ?

On distingue deux sortes d'intervention :

① – L'intervention préventive.

② – L'intervention curative.

> *L'intervention préventive* consiste à mettre tout en oeuvre pour éviter que notre enfant ne quitte l'école sans avoir au moins une préparation pratique qui lui permette d'occuper un emploi sur le marché du travail et ainsi de subvenir à ses besoins.
>
> *L'intervention curative* consiste à aider le jeune à se réorienter après avoir quitté l'école.

L'INTERVENTION PRÉVENTIVE

L'aide à apporter au jeune pour prévenir l'abandon scolaire prématuré comporte divers aspects dont les parents doivent tenir compte simultanément.

L'aspect physique cet oublié !

« Une âme saine dans un corps sain »
Juvénal

Lorsque cela ne va pas à l'école, la plupart du temps notre attention se dirige sur divers éléments du vécu du jeune et l'on oublie l'aspect physique. Pourtant la maxime ci-dessus brille par sa justesse.

Comment notre enfant s'alimente-t-il ?

L'alimentation est souvent négligée chez les jeunes fréquentant l'école. À ce sujet, une mère de famille racontait, lors d'une réunion de parents, que son fils de dix-huit ans ne prenait plus ses repas avec la famille : « Il ne déjeune pas, il grignote. Et le soir, il entre après le souper et s'en va au réfrigérateur et grignote encore. »

Savons-nous quel genre de repas notre enfant prend-il à midi ? Bon nombre de jeunes ne mangent presque pas le matin et à midi ils « bouffent » une « patate-sauce » ou une « poutine ».

Comment une personne, surtout en période de croissance, peut-elle prétendre accomplir un travail de qualité sans manger suffisamment. Et que dire du travail intellectuel. Le manque de nourriture peut entraîner des maux de tête, de la lassitude physique, intellectuelle et même psychique se traduisant par le découragement et l'écœurement.

La constipation : un obstacle !

L'élimination constitue un autre facteur important de bien-être. Une personne constipée peut-elle être vraiment disposée à l'étude ? Un jeune faisant parti d'un groupe de motivation se plaignait de sa difficulté à être attentif en classe, il se sentait lourd et la tête comme dans un nuage gris. De plus, des maux de tête lancinants l'assaillaient. Enfin, sa mémoire flanchait et il se retrouvait en situation d'échec, raison de sa présence au sein du groupe de motivation.

Pendant l'échange sur sa façon de vivre, il avoua que la plupart du temps il était constipé.

Le sommeil : une nécessité en période de croissance !

Il n'est pas nécessaire de tenir un long discours pour comprendre qu'un étudiant qui dort mal ou peu est inapte à suivre des cours efficacement.

Quand un élève est distrait ou qu'il s'endort sur son pupitre ce n'est pas nécessairement parce que le cours est sans intérêt. La plupart du temps ce jeune manque de sommeil.

Le sommeil, l'élimination et l'alimentation composent les rythmes dits de base parce que leur irrégularité peut empêcher une personne de ressentir du bien-être physique autant que psychique et d'accomplir pleinement ses travaux quotidiens.

Qu'est-ce qui peut favoriser la régularité des rythmes de base, sinon d'être attentif aux besoins de son corps. Le respect d'un budget d'énergie peut s'avérer un moyen essentiel au confort physique comme psychique et à la réalisation des tâches nécessaires à la vie personnelle, familiale et sociale, bref à sa survie en tant que personne autonome.

Qu'est-ce qu'un budget d'énergie ?

Avant d'essayer de comprendre le bien-fondé du budget d'énergie, examinons la nécessité d'un budget dans le bon fonctionnement financier.

Un budget comporte nécessairement deux volets : des sorties d'argent (les dépenses) et des entrées (les gains). Pour qu'un budget individuel ou familial soit considéré comme équilibré, il est nécessaire que les gains contrebalancent les dépenses, sinon on s'achemine vers la faillite.

Le budget d'énergie, tout comme un budget financier, doit tendre vers l'équilibre, c'est-à-dire s'assurer une entrée de gains au moins égale à la dépense d'énergie.

Le budget d'énergie serait donc la recherche d'équilibre entre l'énergie dépensée et l'énergie renouvelée.[1]

Tout travail, même intellectuel, ainsi que tous les mouvements que nous faisons, occasionnent, selon leur violence et leur durée, des dépenses d'énergie plus ou moins grandes. Si l'organisme humain ne connaît que des dépenses d'énergie et n'enregistre jamais de gains, ce sera bien vite la faillite, c'est-à-dire l'épuisement pouvant conduire à la limite vers la mort.

Bref, le budget d'énergie est essentiel à la santé physique et psychique de même qu'à la survie de l'individu.

Deux temps

1- Identifier la quantité d'énergie dépensée et les sources de dépenses

2- Planifier des moments et des moyens de récupération.

Deux questions se posent :

a) Comment connaître ses dépenses d'énergie ?

b) Comment effectuer des gains ?

---

1. Notes de cours : l'Institut de Formation et de Rééducation de Montréal.

a) Comment connaître ses dépenses d'énergie ?

Écouter parler son corps qui fait signe.

Par des signes souvent très précis notre corps nous parle et manifeste ses besoins. Exemple : la faim, la douleur, la fatigue, les sensations de froid, de chaud (hausse de température : fièvre), de nausée, etc.

Ne pas être attentif aux signes du corps peut entraîner des privations ou des excès nuisibles à la santé physique et psychique de l'individu et l'empêcher d'accomplir les tâches faisant partie de son quotidien.

On rencontre des jeunes de même que des adultes qui, pour diverses raisons, entre autres le désir d'épater l'entourage par leur endurance, font les sourds lorsque leur corps parle ou crie quelquefois sa détresse. Ces personnes prennent du repos lorsque leur corps, trop longtemps négligé, refuse, un bon jour, de poursuivre plus longtemps.

Il peut arriver cependant que tout en étant attentif au langage de son corps, on ne puisse pas le décoder ni l'interpréter. Il arrive fréquemment qu'on se sente fatigué, épuisé, exténué sans savoir pourquoi. Combien de fois n'avons-nous pas entendu dire : « Je ne comprends pas ce qui m'arrive, je suis exténué. Pourtant je n'ai « rien fait de spécial. »

Que se cache-t-il sous ce petit « rien de spécial » ? La personne prononçant ces mots ne le sait peut-être pas.

Dans le domaine financier, lorsqu'on veut connaître l'état de ses dépenses et de ses gains on fait le bilan.

Si nous avouons être fatigués sans avoir rien fait de spécial cela signifie que nous rencontrons une certaine difficulté dans la prise de conscience de nos dépenses d'énergie. C'est alors que le bilan s'impose.

Comment faire un tel bilan ? Dans le domaine de la comptabilité il existe des livres avec des colonnes où on peut aligner des chiffres et rendre visuel l'état de ses finances.

Pourquoi ne pas utiliser le même moyen dans le domaine physique en faisant la liste des activités d'une journée ou d'une demi-journée et en inscrivant à côté la somme d'énergie investie.

Une fois les signes et les sources de dépenses d'énergie bien identifiés, nous sommes parvenus à la phase des décisions et des moyens.

b) Comment effectuer ses gains ?

Vouloir

Il ne suffit pas d'avoir perçu ses besoins de récupération d'énergie encore faut-il vouloir les combler c'est-à-dire prendre la décision d'agir.

Quel que soit le domaine d'activité où l'on se situe, une distinction s'impose toujours entre **intention** et **décision**. L'intention est l'étape précédant la décision. Avoir des intentions sans passer à l'action c'est comme avoir le goût d'un voyage et ne pas partir.

Vouloir récupérer l'énergie dépensée c'est se donner un but. Le but, les objectifs c'est comme la planification d'un voyage. Mais on ne fait pas un voyage si on ne décide pas d'y consacrer du temps, de renoncer à d'autres activités (car on ne peut pas tout faire) et de se donner des moyens.

Des adultes et des jeunes prennent conscience de leur mauvaise forme physique, mais quand arrive le temps d'y remédier on entend souvent :

« Je voudrais bien mais j'ai pas le temps. »

Quant aux moyens, il appartient à chacun de trouver la façon la plus appropriée à ses besoins. Certaines personnes, après un exercice violent qui les laisse dans un état d'épuisement, préféreront comme moyen de récupération la relaxation dans un bain ou une piscine. Par contre, si l'épuisement est accompagné d'engourdissement, de raideur dans le dos et dans le cou, comme après avoir accompli un travail sédentaire pendant des heures, un exercice physique peut s'avérer plus approprié : flexion du dos, mouvement des bras et de la tête, etc.

Qu'en est-il dans le vécu des étudiants ?

Des élèves pensent que pratiquer un sport occasionnellement suffit pour être en forme.

Un jeune, en pleine croissance, passant une partie de la journée assis en classe, une partie de la soirée à étudier ou à regarder la télévision peut-il être vraiment dispos pour les études ? Et est-ce qu'une partie de hockey le samedi est suffisante pour récupérer l'énergie dépensée pendant la semaine ? Au risque de passer pour dérangeants, nous parents, avons la responsabilité de veiller à la bonne forme physique de nos jeunes.

***

IMPORTANT

L'alimentation saine, l'élimination régulière, un sommeil suffisant et l'exercice physique sont indispensables à l'élève désirant donner le meilleur de lui-même dans ses études.

POINT DE VUE DES EXPERTS

« Pour maintenir un équilibre harmonieux entre la dépense d'énergie physique et psychique, pour favoriser un ressourcement d'énergie indispensable à tous les niveaux de développement, les conditions de vie doivent faire appel à un certain degré de participation corporelle et assurer ainsi une mise en forme physique et psychique au jeune, en lui offrant des expériences de satisfaction susceptibles d'apporter, en plus de celles que procurent la nourriture et le sommeil, un certaine détente corporelle. »[1]

1. Guindon, Dr. Jeannine, *Vers l'autonomie psychique*, p. 167

EXEMPLE DE BILAN

Activités	*Dépenses*		
	peu	moyen- nement	beaucoup
1. J'ai pratiqué un sport pendant deux heures, et je me suis senti très fatigué. Signes ! Je suis bout de souffle. Moyens ! Repos, détente...			X
2. J'ai marché pendant une heure pour aller chez des amis. Signes ! Fatigue dans les muscles des jambes. Moyens ! Friction des muscles endoloris.		X	
3. J'ai dactylographié mon devoir de français (5 pages). Signes ! Mal dans le dos, la nuque... Moyens ! Flexion du dos, massage de la nuque...	X		
4. J'ai assisté à mes cours toute la journée. Signes ! Je me sens engourdi, la tête lourde. Moyens ! Marche, mouvement des bras, des épaules, du cou, respirations....		X	
5. J'ai monté trois escaliers pour aller à mon casier et cela 10 fois dans la journée. Signes ! Mal dans les jambes, à bout de souffle, Moyens ! Détente, un bain chaud...		X	

Le tableau ci-dessus ne prétend pas mesurer d'une façon scientifique le degré d'énergie dépensée par l'individu. Il se veut tout au plus un indicateur.

L'aspect psychique

L'être humain forme un tout inséparable : corps et âme, physique et psychique. Quand l'un des deux aspects est malade, l'autre s'en ressent.

Les jeunes de nos écoles, victimes comme les adultes du rythme accéléré caractérisant notre monde moderne, ont plus d'une raison de se sentir stressés et anxieux. Comme pour bien des adultes, l'entourage n'est pas toujours porteur de sens et de compréhension et de ce fait, certains jeunes vivent quelquefois de grandes souffrances pouvant aller jusqu'à envisager le suicide comme solution. Comment peut-on demander à des jeunes de bien étudier et de réussir lorsqu'ils sont tourmentés moralement et quand on sait que la tranquillité d'esprit est tout aussi nécessaire que la bonne forme physique.

On sait que le stress et l'anxiété peuvent paralyser une personne au point qu'elle se retrouve dans l'impossibilité de se concentrer, de mémoriser et même de se remémorer ce qu'elle a déjà retenu.

Certains élèves sont incapables d'étudier lorsqu'un examen est annoncé. La peur d'échouer leur enlève le sommeil et l'appétit et dérègle le fonctionnement de leurs intestins produisant soit des constipations, soit des diarrhées. D'autres élèves sont figés devant une feuille blanche et un questionnaire d'examen.

Que faire ?

Beaucoup de jeunes et même d'adultes ignorent que l'exercice physique (décharge motrice) est un moyen efficace de chasser le stress et l'anxiété. Bien sûr, l'exercice physique ne comble pas le vide créé par le manque d'amour et de compréhension, mais il permet de traverser les périodes difficiles sans y laisser sa vie.

Des élèves ont expérimenté l'exercice physique, particulière-ment la marche, comme moyen de calmer leur inquiétude et ils en ont constaté l'efficacité.

Nous nous sentons souvent impuissants, nous parents, devant nos jeunes rongés par l'inquiétude. Proposons-leur l'exercice comme moyen de s'en libérer et au besoin accompagnons-les.

***

IMPORTANT

Encourager nos jeunes à bouger et être actifs.

L'exercice physique est un excellent moyen de détente physi-que, parce qu'il délie les muscles et active la circulation sanguine, et psychique parce qu'il contribue à chasser le stress et l'anxiété.

TÉMOIGNAGE DE PASCAL

« ... À l'âge de cinq ans je rencontrai mon premier ami, sans savoir qu'il se servirait de moi comme bouche-trou et qu'il me manipulerait. J'exécutais ses quatre volontés. Cela dura jusqu'à ma quatrième année du primaire. Rejeté des autres élèves, je travaillai extrêmement fort pour m'intégrer. Je trouve la vie absurde. D'après moi le bonheur n'existe pas. Ceux qui se disent heureux ne regardent pas la vérité en face.

... je suis le seul punk de l'école et cela me cause beaucoup de problèmes. Le monde ne se moque pas beaucoup de moi mais je dois me battre souvent.

... dans le monde des jeunes si tu ne te « cases » pas, ou bien ils te rejettent, ou bien ils abusent de toi. Ce que j'entends par se « caser ».

... je parlais, précédemment, que les jeunes me rejetaient. Aussitôt qu'une chance passe les enfants et les adolescents, très cruels, abaissent les autres. Et j'ai compris que tu as le choix. Domine ou abaisse-toi. Et comme tout le monde veut dominer, la compétition occupe une grande place. Je me trouvais dans le groupe abaissé, et je me disais que je changerais de camp sans abaisser les autres. Un tour de force réussi. Je franchis beaucoup de difficultés et de grands moments de désespoir. Mais le pire de cette histoire c'est la solitude. Et la solitude est la plus grande souffrance humaine. J'accomplis des progrès remarquables car les gens maintenant me respectent.

... Je suis un gars qui a le sens de l'humour. Je me fous de ce que les gens pensent de moi. Je suis écœuré qu'on me dise toujours quoi faire, comment penser, comment agir : telle chose ne se dit pas, telle chose est impossible. Pourquoi ? Ça nous ne le saurons jamais. Je me dis « fuck the whole » ; si une chose me tente je la fais. J'adore les « parties » et me retrouver en gang. Le monde ne me comprend pas dans ma façon d'agir, de penser et de voir les choses. J'adore dormir, je suis un grand paresseux et légèrement timide.

... Pourquoi punk ? D'abord ça a commencé par hasard en mai 87. Je voulais me raser un côté de la tête. Je demande à quelqu'un que je connaissais qui possédait un « clipper » de me couper les cheveux. Mais il manqua son coup et je ne pus que me faire un mohawk. Et je commençai à connaître la mentalité punk. Les punks sont des anarchistes. Les lois ne comptent pas pour eux. La vie les dégoûte. Ils aiment les vêtements déchirés. Il se foutent complètement de tout : des gens, des lois et même d'eux. « No futur » disent-ils. Même si en gros ils pensent de la même façon, chaque punk est différent. Et comme par hasard, cette mentalité fut la mienne. Et graduellement je suis devenu un vrai punk. J'aime ce style car il est original. Mais ce que j'aime moins c'est que les gens nous dévisagent et que beaucoup de personnes nous haïssent. »

Le contexte familial est-il important ?

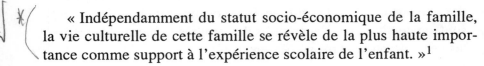

« Indépendamment du statut socio-économique de la famille, la vie culturelle de cette famille se révèle de la plus haute importance comme support à l'expérience scolaire de l'enfant. »[1]

Bien que les jeunes passent plus de temps à l'école qu'à la maison pendant l'année scolaire, il n'en demeure pas moins que la

1. Fédération des commissions scolaires catholiques du Québec, L'école abandonnée, p.24.

Ques qu' un jeune à besoins

famille est leur principal port d'attache et le lieu où ils reçoivent l'éducation de base. La prévention de l'abandon scolaire doit donc débuter dans la famille, non seulement pour des raisons d'appartenance, mais aussi parce que des gestes très précis doivent être posés avant même que l'enfant n'entre à l'école.

1. Besoin de posséder un vocabulaire adéquat lors de l'entrée à l'école

À son entrée à l'école, l'enfant doit posséder un certain vocabulaire pour comprendre les explications et les consignes de l'enseignant.

Le vocabulaire de l'enfant s'enrichit en conversant avec son entourage et le rôle des parents peut être considérable, en particulier lorsqu'ils prennent le temps de répondre aux questions de l'enfant. Dans la mesure où les parents acceptent de dialoguer avec l'enfant, celui-ci développe son vocabulaire.

Quand ce dernier entre à l'école, d'autres besoins pouvant favoriser la poursuite des études se présentent.

2. Besoin de sentir l'intérêt des parents

Pour que sa fréquentation scolaire soit assidue et participative, l'enfant ou le jeune a besoin de sentir l'intérêt de ses parents face à sa présence à l'école, ses travaux scolaires, son choix d'un métier ou d'une profession.

3. Besoin d'encouragement et de support dans les difficultés

Certains enfants sont laissés à eux-mêmes à différentes périodes de leur vie, soit dans l'enfance (période préscolaire et/ou primaire), soit à l'adolescence (période du secondaire).

La faiblesse ou l'absence d'encadrement familial, de support et d'encouragement peut occasionner des retards scolaires.

Comme nous le mentionnions précédemment, des parents sont dans l'impossibilité d'aider leurs enfants à cause de leur manque d'instruction ou du décalage entre le système d'éducation actuel et celui qu'ils ont connu, ou encore par manque de temps.

Cependant, dans l'ensemble du travail scolaire il y a certaines choses que le jeune peut faire sans aide. Exemple : relire des notions plusieurs fois afin de les retenir.

Enfin, reste la possibilité de demander de l'aide à l'école.

4. Besoin d'être stimulé pour explorer l'environnement

Il est nécessaire pour les enfants d'être stimulés dans leur apprentissage par des voyages, des visites éducatives, etc.

Évidemment, une situation financière précaire peut constituer un obstacle de taille aux voyages, mais ne constitue pas un obstacle à la connaissance si l'on considère le nombre d'émissions culturelles présentées à la télévision. L'aide des parents résiderait alors dans l'incitation à regarder ces émissions.

5. Besoin de stimultion intellectuelle

Laissés à eux-mêmes les enfants, les adolescents et quelquefois les jeunes adultes négligent leurs études et leurs travaux scolaires quotidiens. Sans une certaine incitation à l'étude et au travail intellectuel bien des jeunes s'adonnent au jeu ou à d'autres occupations, de préférence aux activités demandées par l'école.

Il incombe aux parents d'intervenir.

6. Besoin de valorisation à la maison

Comme nous le verrons, l'estime de soi figure au nombre des éléments de la motivation. Or, l'estime de soi naît en partie de l'appréciation reçue de l'entourage lors de la réalisation d'un travail ou d'une œuvre. Il est donc important de valoriser les activités manuelles et intellectuelles des jeunes.

7. Besoin d'une communication parents-enfants significative au sujet de l'école

Parmi les témoignages recueillis lors d'une étude auprès de jeunes, certains affirment ne pas avoir perçu chez leurs parents des signes d'intérêt relié à leur cheminement scolaire. Et c'est particulièrement au niveau des communications qu'une lacune existe. La communication parents-enfant au sujet de l'école semble limitée à une question adressée au jeune au retour de l'école : « Comment ça été aujourd'hui ? » La même question peut revenir de façon machinale chaque jour de classe et appelle une réponse machinale : « Bien ! » Ces parents ayant arrêté leurs études après une septième année et ayant bien réussi au plan matériel et financier, croient-ils vraiment à la nécessité de l'instruction pour leur enfant ? À partir de témoignages d'élèves et de quelques centaines de témoignages de parents rencontrés à domicile ou au bureau, il est permis d'en douter.

Il apparaît, au fil des recherches, que pour pouvoir motiver les enfants à la fréquentation scolaire, la scolarisation doit revêtir la dimension de valeur aux yeux des parents. Car, comme parents, nous faisons naturellement, auprès de nos enfants, la promotion de nos valeurs de premier choix.

Lorsque la scolarisation n'occupe pas une place de choix sur l'échelle des valeurs des parents, ces derniers ont de la difficulté à la « vendre » à leurs enfants. Ils ont vite épuisé leurs arguments au terme desquels on retrouve habituellement la contrainte. Combien de fois n'avons-nous pas entendu de la part de certains parents : « Faites-lui peur, nous autres on a tout essayé et ça donne rien. »

Cette transmission de la valeur scolarisation et du goût de l'étude fait partie de l'héritage culturel.

***

IMPORTANT

La prévention de l'abandon scolaire commence dès la période préscolaire.

EXEMPLE DE MANQUE DE VOCABULAIRE

Lucie avait environ trois ans lors de l'observation citée ici. Chaque matin, sa mère la faisait sortir dans la cour jusqu'à l'heure du dîner. La petite entrait pour manger et ressortait ensuite jusqu'à la période du souper. Elle entrait de nouveau pour le souper et dès sa sortie de table elle allait au lit. Cette enfant passait les journées sans contact significatif avec les adultes. Ses journées se résumaient en un va-et-vient continuel entre la cour, la table et le lit. Vers l'âge de cinq ans, elle commença à fréquenter les voisins. Il fut alors possible de constater qu'elle ne parlait presque pas. Les seuls mots qu'elle osait prononcer timidement étaient : « Moi (en se touchant la poitrine) Lucie. » Il s'avéra, après un certain temps, que cette sorte de mutisme était dû à un manque de vocabulaire. Au contact des autres enfants, elle apprit de nouveaux mots et commença à s'exprimer verbalement de façon progressive.

Malgré des progrès rapides, son apprentissage du vocabulaire demeurait insuffisant lors de son entrée à l'école. Elle ne possédait pas le vocabulaire que l'on retrouve habituellement chez les enfants de son âge. Ce manque de vocabulaire fut source de retards pédagogiques pour Lucie.

POINT DE VUE DES EXPERTS

La Fédération des commissions scolaires catholiques du Québec dans son rapport sur *L'école abandonnée*, distingue deux catégories de causes de l'abandon scolaire : les causes latentes et les causes manifestes.

Parmi les causes manifestes vient en premier lieu l'environnement familial composé de six variables :

1- L'importance que les parents accordent à la réussite scolaire ;
2- La langue utilisée à la maison ;
3- Le soutien obtenu à la maison pour le travail et l'orientation scolaires ;
4- La stimulation pour explorer différents aspects de l'environnement ;
5- Les intérêts intellectuels et les activités de la famille ;
6- L'importance accordée au travail à la maison.

La variable 2, la langue utilisée à la maison, concerne la période préscolaire :

« La langue utilisée à la maison. Plus le vocabulaire et son exactitude sémantique seront différents de la langue utilisée à l'école, plus le handicap à surmonter par l'élève sera fort. Les premières années scolaires seront cruciales à ce point de vue. L'élève peut accumuler des retards impossibles à rattraper à cause de la pauvreté de son langage lorsqu'il entre à l'école »[1]

---

1. Fédération des commissions scolaires catholiques du Québec, *L'école abandonnée*, p. 25.

EXEMPLE DE MANQUE DE SUPPORT ET D'ENCOURAGEMENT

Daniel, est un enfant n'ayant pas eu l'occasion, comme d'autres enfants de son voisinage, de faire des voyages avec ses parents bien que ces derniers vivent plutôt dans l'aisance. Contrairement à Lucie, sa mère converse beaucoup avec ses enfants. Il apprit à parler bien qu'on pût observer chez lui un vocabulaire plus limité que celui de ses petits voisins.

La période « d'abandon à lui-même » eut lieu pendant son séjour à l'école élémentaire. Il ne reçut pas de ses parents l'aide nécessaire pour accomplir ses travaux scolaires à la maison. Comme conséquence, il arrivait souvent à l'école sans avoir complété ses devoirs ni appris ses leçons. Daniel connut donc des retards scolaires.

Parvenu au secondaire, à cause de ses retards scolaires, ce garçon fut placé dans une classe dite « secondaire long » permettant à des jeunes en difficulté de prendre trois ans au lieu de deux pour terminer le premier cycle du cours secondaire, soit la 1re et la 2e secondaire.

Même pendant son secondaire long, il fut abandonné à lui-même et l'échec persista. L'année suivante, il passa à l'école de deuxième cycle, dans une classe pour élèves en difficulté. Il afficha des problèmes de comportement et quitta l'école trois mois après le début de l'année.

Il apparaît important que les parents suivent de près les travaux et les résultats scolaires de l'enfant.

RÉSULTATS D'UNE RECHERCHE

Objectif de la recherche

Savoir pourquoi, dans une certaine région, il était impossible de réintégrer des décrocheurs à l'école.

Volets de la recherche

1- auprès des parents,

2- auprès des élèves.

Méthodologie de cette recherche

Premier volet :

Nous avons expédié à tous les parents du secteur concerné un questionnaire qui nous a été ensuite retourné. Le traitement des données fut informatisé.

Voici ce que nous avons appris :

a) La majorité des répondants, dont un bon nombre de fermiers très prospères, vivaient dans une certaine aisance financière.

b) En moyenne, les répondants avaient terminé une septième année scolaire.

c) Tous désiraient que leurs enfants poursuivent des études avancées.

Deuxième volet :

Un matin nous sommes arrivés à l'école du secteur et avons fait remplir un questionnaire à chacun des élèves présents à la première période du matin, soit 640 questionnaires, c'est-à-dire la quasi totalité.

Voici ce que nous avons appris :

a) Les jeunes connaissaient les rêves de carrière de leurs parents à leur sujet.

b) Dans la pratique, les jeunes ne retrouvaient pas chez leurs parents cet intérêt nécessaire à leur motivation. Les parents disaient bien rêver d'un bel avenir pour leurs enfants, mais dans le quotidien ils s'intéressaient peu ou pas à leurs études. Exemples : quand l'enfant revenait de l'école, bon nombre de parents s'informaient rarement de sa journée ; quand l'enfant manifestait le désir de quitter l'école, souvent les parents ne s'y opposaient pas et disaient tout bonnement à ce dernier :

« Tu ne veux plus aller à l'école, il y a du travail pour toi sur la ferme. »

Par là nous voyons à quel point l'intérêt des parents pour le projet scolaire de l'enfant est important.

L'héritage culturel

Pour bien comprendre l'importance de l'héritage culturel nous procéderons d'abord à une comparaison avec l'héritage matériel légué aux enfants par les parents.

« Une chance que son père soit
venu au monde avant lui ! »

Qui n'a jamais entendu cette expression utilisée pour démontrer l'importance de l'aide d'un héritage pour débuter dans la vie. On peut facilement imaginer la différence entre un jeune débutant son projet de vie à partir de ses propres moyens et un autre héritant d'une bonne somme d'argent, d'un emploi sur mesure dans la compagnie de son père et quelquefois de la compagnie elle-même.

L'héritier entre dans la course avec un bonne longueur d'avance sur l'autre commençant à la ligne de départ.

Certains parents ont eu la chance de faire des études, d'obtenir des diplômes, d'amasser un bagage intellectuel, bref de posséder un capital culturel où l'instruction occupe la première place sur leur échelle des valeurs.

Le goût de l'étude, de la lecture et des activités intellectuelles en général est une valeur de ce capital qui constitue l'héritage culturel à transmettre aux enfants.

Un héritage culturel ne se transmet pas de la même façon qu'un héritage matériel. Si le testament permet aux héritiers de s'approprier en quelques minutes l'héritage légué par les parents, ce même bout de papier est bien inutile dans la succession de l'héritage culturel qui se transmet petit à petit à travers la réponse aux divers besoins énumérés précédemment, notamment la communication parents/enfant au sujet de l'école.

Les livres de base, tels dictionnaires et grammaires, une encyclopédie et même quelquefois une bibliothèque, en plus d'être des instruments quasi indispensables aux écoliers et de contribuer à créer une atmosphère propice à l'étude, ont un rôle symbolique, témoignant aux yeux des enfants de l'intérêt des parents pour la culture.

Plus les parents feront usage de ce matériel en présence des enfants et plus ils les inciteront à l'utiliser, plus fort sera le langage symbolique.

Ajoutons à ce déploiement des sorties instructives et des voyages, et le tableau acquiert encore plus de couleurs.

Des parents pourraient se dire en lisant ces lignes : « C'est dommage, nous n'avons pas d'héritage culturel à léguer à notre enfant ! » Attention ! Tous les efforts accomplis pour encourager votre enfant à poursuivre des études, en valorisant ses travaux scolaires, en lui procurant des livres, en favorisant chez lui le goût d'apprendre, en l'amenant visiter des musées, des expositions, des lieux historiques, sont autant d'éléments composant le capital culturel qui deviendra l'héritage culturel de celui-ci.

L'héritage culturel peut favoriser l'éclosion et le développement « d'aspirations scolaires », à savoir le goût de progresser, de développer ses talents et de faire carrière, c'est-à-dire d'exercer un métier ou une profession, bref, de posséder un projet dont chaque étape de réalisation constitue un pas vers l'autonomie et la prise en charge de sa vie.

Contrairement à l'héritage formé de biens mobiliers et immobiliers, légué ordinairement au décès des parents alors que les héritiers ont, en général, déjà atteint un certain âge, l'héritage culturel se lègue dès la plus tendre enfance, puisqu'au lieu de renflouer un compte de banque (opération s'accomplissant en quelques minutes) il vient nourrir l'esprit et développer l'intelligence (opération de longue durée).

Si la présence d'un héritage culturel favorise la fréquentation scolaire, il y a tout lieu de croire que l'absence ou la pauvreté de l'héritage culturel peut rendre plus difficiles, voire même inefficaces les interventions visant à contrer l'abandon scolaire, qui prend souvent ses racines au primaire et même avant, si l'on tient compte que « les effets de l'héritage culturel se font sentir dès le jeune âge, dès l'apparition du langage » comme le pense Basil Bernstein (1975).

C'est quotidiennement et à travers des attitudes et des comportements que se transmet l'héritage culturel. C'est par les mêmes canaux que sa retransmission est bloquée ou qu'il apparaît comme inexistant.

Le riche capital culturel des parents, au lieu de favoriser l'épanouissement intellectuel des enfants, peut aussi devenir un poids écrasant. En effet, il se peut que des parents instruits aient une tendance naturelle à n'entrevoir le devenir de leurs enfants qu'au travers de la lunette « instruction » et par conséquent exigent de ces derniers, subtilement, mais contre leur gré, qu'ils poursuivent des études, considérant qu'hors de l'école il n'y a point de salut. Une telle attitude équivaut à fixer l'idéal de ses enfants et à projeter dans le futur de ces derniers les rêves parentaux. Que penser du jeune coincé dans une telle situation et incapable de répondre à ces exigences, soit par incapacité, soit par manque de goût ? Le fait de ne pouvoir partager les exigences parentales peut engendrer une anxiété conduisant, à la limite, au suicide. Imaginons un instant ce jeune, faible en mathématiques et en sciences, et ayant à marcher sur les traces de son père ingénieur.

Le capital culturel peut aussi être rejeté par esprit de contradiction de l'adolescent en période de rebellion ou en phase d'anxiété due à son développement psychologique qui le fait aussi parfois s'installer dans une sous-culture (drogue, punk, etc.)

L'héritage culturel ne consiste donc pas à imposer un métier, une carrière ou une profession à nos enfants, pas plus que des parents ne fixeraient par testament la façon dont ceux-ci doivent disposer d'un héritage matériel.

***

IMPORTANT

L'héritage culturel consiste en la transmission de la valeur « instruction » à travers des attitudes et des comportements témoignant de l'importance de cette valeur pour les parents.

L'héritage culturel peut jouer un rôle capital dans la carrière future du jeune.

DES EXPÉRIENCES MALHEUREUSES

Un jour, des élèves d'une école primaire se rendirent avec leur institutrice visiter une banque. Le directeur de la banque offrit aux enfants, en souvenir de leur passage à cette succursale, un cahier à colorier. Une petite fille, toute heureuse de rapporter chez elle un tel présent, s'empressa de courir vers son père en disant : « Regarde papa ce que le monsieur de la banque m'a donné. »

Le père saisit le cahier à colorier et le jeta à la poubelle en disant : C'est bon à rien ces « cochonneries-là ».

Le lendemain la petite fille raconta à l'institutrice l'événement de la veille en réponse à la question : « X , tu n'as pas apporté ton cahier à colorier ? »

Ce cahier avait été acquis lors d'une visite organisée par l'école. X en conclut que les affaires de l'école, ce n'était pas important pour son père. Irait-elle, à l'avenir, parler des choses de l'école devant son père ?

Un jour, je rends visite à un jeune décrocheur de 14 ans.

Pendant une bonne heure nous avons discuté, le jeune, la mère et moi. La mère, qui avait complété une douzième année (secondaire 5), valorisait l'instruction et se montrait tout à fait favorable à ce que son fils réintègre l'école sans toutefois faire de pression.

Le jeune venait de dire : « Oui je retourne », quand le père sortant d'une chambre s'écria d'un ton maussade frisant la colère : « Toi tu veux retourner à l'école ? »

POINT DE VUE DES EXPERTS

« Selon une théorie simple, le capital culturel transmis à l'enfant par sa famille prédétermine largement le capital scolaire, c'est-à-dire le niveau d'instruction qu'il sera capable d'acquérir, lequel détermine à son tour le statut socio-professionnel. »[1]

1.   Boudon, Raymond, L'inégalité des chances, p.11

Les attentes face au jeune et ses aspirations.

Nous avons tous remarqué, en tant que parents, que nos jeunes préfèrent le jeu au travail scolaire et c'est normal compte tenu de leur âge.

Nous avons tous pu observer aussi, quand nous demandons à nos enfants d'exécuter un travail manuel à la maison, qu'ils se limitent strictement à ce qui est demandé.

Tant qu'ils n'ont pas atteint un certain degré d'autonomie, les jeunes se conforment, au point de vue efforts, aux attentes des adultes. Si ces derniers exigent peu, les jeunes produisent peu. Ceci est vrai particulièrement dans le domaine scolaire.

Des expériences faites aux États-Unis, entre autres par Rosenthal et Jacobson (1968, 1971) : « Pygmalion en classe », tendent à démontrer cette assertion.

Selon cette étude, les élèves en classe obtiendraient de bons résultats dans la mesure où les attentes des enseignants les motivent à travailler et à produire.

Stimulés par cette étude, des directeurs d'école ont voulu en observer les résultats dans leurs propres écoles en effectuant des expériences comme celle-ci :

En début d'année, un directeur remit aux enseignants des listes d'élèves en indiquant la force de chacun des groupes. Il intégra à des groupes jugés moyens des élèves classés comme ayant des troubles d'apprentissage. Ces derniers affichèrent des performances bien supérieures à celles des élèves appartenant au groupe d'où ils provenaient.

Ces élèves, selon l'expérience, auraient-ils mieux réussi parce que les enseignants, et peut-être aussi les parents, ont manifesté à leur endroit des attentes plus élevées ?

Comme nous l'avons dit plus haut, les jeunes ont besoin de stimulation pour étudier et explorer l'environnement. Or les attentes des adultes peuvent avoir un effet stimulant sur les jeunes : en les incitant à produire plus, car inciter les jeunes à produire c'est du même coup leur donner la chance de découvrir leurs possibilités, de rehausser leur confiance personnelle et leur estime de soi, puisque c'est dans l'action que l'on découvre ses talents.

Formuler des attentes vis-à-vis d'une personne peut signifier qu'on la croit capable d'y répondre. On ne demande pas à quelqu'un d'accomplir une tâche dépassant ses capacités.

Inversement, se contenter de résultats scolaires médiocres sans jamais manifester d'attente peut signifier pour le jeune : 1 - que nous nous intéressons peu à ce qu'il fait ; 2 - que nous le croyons incapable de faire mieux. Une telle attitude peut avoir un effet de démotivation et de laisser-aller.

Avoir des attentes envers un jeune ne signifie pas exiger de lui plus qu'il ne peut donner. Pour éviter d'exiger l'impossible d'un jeune on peut consulter ses professeurs.

Voici quelques formulations d'attentes :

Formulations exprimant une amélioration de la situation mais ne tenant pas compte des capacités du jeune :

« T'es capable de faire mieux que ça ! »
« Je m'attends à de meilleurs résultats la prochaine fois ! »

Formulations contenant une stimulation et exprimant en même temps une satisfaction :

« Bravo pour ta note en maths, essaie de faire aussi bien en biologie ! » « T'es capable, (en faisant allusion à un résultat précis) ne lâche pas ! » « Continue, tu es bien parti ! »

La réussite dans une matière où le jeune a fourni des efforts particuliers peut servir de tremplin pour le relancer et le stimuler à réussir dans une autre matière, toujours en tenant compte de ses capacités. On ne peut pas demander à un élève les mêmes succès dans une matière où il a de la facilité que dans une autre où il rencontre des difficultés.

Les résultats scolaires dépendent souvent des attentes des éducateurs et des parents.

Il arrive que des parents, ignorant l'importance des attentes dans la réussite scolaire, n'en manifestent jamais et qu'un bon jour ils disent devant le jeune : « Il n'est pas bon à l'école ! » Ces parents font porter par le jeune une responsabilité (mauvais résultats) qui leur appartient en grande partie.

***

IMPORTANT

Donner la chance au jeune de dévoiler ses talents en le stimulant et l'encourageant à l'effort.

Savoir mesurer les attentes aux capacités réelles du jeune.

Consulter les professeurs et les professionnels de l'école pour connaître les capacités de notre enfant.

UNE EXPÉRIENCE... PYGMALION EN CLASSE

« Nous explorons ici les attentes des enseignants. Pour ce faire, nous avons mis en oeuvre des expériences dans lesquelles nous induisions les maîtres à croire, dès le début de l'année scolaire, que certains de leurs élèves étaient susceptibles de faire des progrès considérables dans les mois à venir. Les enseignants pensaient que nos prédictions reposaient sur des tests administrés aux élèves à la fin de l'année précédente. En réalité, les enfants désignés comme poulains avaient été choisis au hasard. Et cependant, après quelques mois d'expérimentation, les tests révélaient qu'ils avaient progressé plus que leurs camarades de classe.

Le concept central qui sous-tendait notre étude était celui de « prédiction se réalisant d'elle-même », concept selon lequel la prédiction faite par un individu A sur un individu B finit par se réaliser, que ce soit seulement dans l'esprit de A, ou — par un processus subtil et parfois inattendu — par une modification du comportement réel de B sous la pression des attentes de A. »[1]

---

1. Gras, Alain, *Sociologie de l'éducation* », p.246.

POINT DE VUE DES EXPERTS

On pense que c'est parce qu'ils appartiennent à des groupes défavorisés, que les enfants de familles pauvres ne réussissent pas à l'école. Peut-être faudrait-il également - comme le suggèrent certaines expériences - chercher la cause de leurs échecs dans les attentes que forment les maîtres à leur égard. »[1]

***

« La perception n'est pas une caractéristique neutre de la personne qui perçoit, elle est une variable qui intervient dans la relation entre individus et qui modifie le comportement du sujet perçu. Les auteurs américains montrent ainsi que, lorsque les enseignants s'attendent à ce que certains élèves aient des performances élevées, ces élèves obtiennent effectivement de meilleures notes que les autres, même si cette attente n'était pas fondée objectivement. »[2]

***

« Qand une mère d'élève dit à son fils, et souvent devant lui, qu'il n'est pas bon en français, elle se fait complice de trois ordres d'influences défavorables : en premier lieu, ignorant que les résultats de son fils sont directement fonction de l'atmosphère culturelle de la famille, elle transforme en destin individuel ce qui n'est que le produit d'une éducation et qui peut encore être corrigé, au moins partiellement, par une action éducative ; en second lieu, faute d'information sur les choses de l'école, faute parfois de n'avoir rien à opposer à l'autorité des maîtres, elle tire d'un simple résultat scolaire des conclusions prématurées et définitives ; enfin, en donnant sa sanction à ce type de jugement, elle renforce l'enfant dans le sentiment d'être tel ou tel par nature. »[3]

---

1.   Gras, A. Op. Cit. pp. 245-246.
2.   Gras, A. Op. Cit. p. 245
3.   Bourdieu et Passeron, *Les héritiers*, p.109.

Comment motiver nos jeunes ?

Combien de parents n'ont-ils pas entendu, lors d'une visite à l'école, ou n'ont-ils pas lu dans le bulletin de leur jeune : « Manque de motivation » ?

Qu'est-ce que la motivation ?

Le terme « motivation » fait généralement partie du vocabulaire utilisé pour expliquer le comportement positif d'un individu dans l'exécution d'une tâche. L'intérêt manifesté pour un travail, la qualité et la quantité de la production d'un employé sont autant d'aspects permettant d'attribuer à ce dernier l'épithète « motivé ». À l'inverse, ceux ne respectant peu ou pas leurs engagements de travail, n'y mettant pas tout leur cœur et produisant en deçà de leurs capacités entrent dans la catégorie des non-motivés.

L'étymologie du mot « motivation » nous renseigne sur l'usage de ce terme. En effet, on retrouve dans le terme « motivation » le mot « motif » signifiant : « Ce qui porte à faire une chose, à agir. » (Dictionnaire Larousse, 1980, p. 673). Le mot « motif » vient de *motus* (mu), participe passé du verbe latin *movere* (mouvoir). La motivation est donc cette force poussant l'individu à se mouvoir, à bouger, à se mettre à la recherche d'un objet désiré, c'est-à-dire à combler un manque.

Cette force peut être extérieure à l'individu.

Exemple : Louise va à l'école par crainte d'être punie par ses parents. Dans ce cas, la motivation de Louise sera dite **extrinsèque**. Si cette force réside à l'intérieur de Louise, elle sera dite **intrinsèque**. Exemple : Louise va à l'école parce qu'elle aime ça. Si Louise va à l'école parce qu'elle sait que pour avoir accès au CÉGEP, porte d'entrée dans la profession de son choix, elle doit avoir obtenu son diplôme d'études secondaires (DES), on parlera alors de **motivation personnelle.**

Muni de motivation intrinsèque et/ou personnelle, l'individu trouve ses raisons d'agir à l'intérieur de lui-même ; on peut parler d'auto-motivation. Ces formes de motivation sont préférables à la motivation extrinsèque, car cette dernière nécessite sans cesse l'intervention d'agents extérieurs, parents, professeurs ou autres personnes. Cependant, dans la pratique, la motivation extrinsèque peut se transformer en motivation intrinsèque et/ou personnelle, c'est-à-dire une influence plus ou moins prolongée venant de l'extérieur et accompagnée de renforcements ce qui encourage une personne à maintenir un comportement ; une récompense peut faire naître chez certaines personnes des motifs intérieurs d'action.

Exemple : Louise n'arrive pas à se mettre à l'étude par elle-même. Elle a sans cesse besoin de la stimulation de quelqu'un, parents ou enseignants (motivation extrinsèque). Cependant, ayant étudié pendant un certain temps sous les pressions de l'extérieur, elle connaît des succès (renforcements) où elle puise encouragement et fierté de soi. Or, cet encouragement et cette fierté de soi, résidant à l'intérieur de l'individu, seront déterminants pour l'avenir. En découvrant, à travers l'étude, encouragement et fierté, Louise a découvert une motivation intérieure qui n'aurait peut-être jamais existé sans les pressions des parents et des enseignants.

Il en ressort que la personne motivée de l'intérieur agit en vue de combler ses besoins.

Quels besoins motivent qui ?   *Maslow*

1. Les besoins physiologiques

Dans la prise en charge de sa vie, l'individu doit satisfaire les besoins physiologiques d'abord. Tant qu'un individu n'a pas trouvé à manger et à boire, il est préoccupé par ces besoins. Si la satisfaction de ces premiers besoins préoccupe l'adulte et le jeune ayant acquis une certaine autonomie, il en va tout autrement pour l'adolescent dont la satisfaction de ces besoins est déjà assurée.

L'adolescent, il y a bien sûr des exceptions, s'attend à trouver chaque jour, au moins jusqu'à sa majorité, la nourriture nécessaire à la table de ses parents. Puisque la possibilité de satisfaire ses besoins physiologiques de base s'offre à lui dans l'immédiat, pourquoi se tracasser pour un futur encore lointain ? Les besoins physiologiques, dont il n'a pas à assumer la satisfaction immédiate ne motiveront pas un jeune de 15 ans. De telles préoccupations débuteront tantôt vers la fin de la cinquième secondaire, lorsque cette année est terminale et tantôt vers la fin du CÉGEP quand le jeune sentira qu'il va être confronté aux réalités de la vie dont la première exigence est la subsistance.

Des adultes réagissent également de cette façon : l'adulte dont les besoins physiologiques et de sécurité sont déjà satisfaits, soit par un héritage substantiel, soit par des prestations quelconques, pourra n'être pas motivé pour un travail qui n'ajoutera rien à ce qu'il possède déjà. Pour illustrer cette assertion voici une anecdote :

Un oncle possédant un verger racontait qu'au temps des récoltes, il était difficile de trouver de la main d'œuvre pour la cueillette des pommes, le salaire consenti ne dépassant pas les prestations d'assurance chômage. Il partit donc, faire la tournée des tavernes pour y recruter des travailleurs. Bien peu acceptèrent. Pourquoi aller travailler pour gagner ce qu'on a déjà sans travailler ? Bien sûr, certains pouvaient y voir une façon de doubler leur revenu mais non sans risque. Il aurait suffi d'être rapporté aux autorités pour se voir obligé de rembourser ses prestations. Non, cela ne valait pas le risque.

Si l'adulte ne travaille pas pour des besoins déjà satisfaits, pourquoi le jeune le ferait-il ?

Les adultes ont souvent tendance à vouloir motiver les jeunes en leur parlant du futur. Or la pratique nous démontre que la satisfaction future des besoins physiologiques ne revêt pas nécessairement un attrait pour tous les jeunes. Bon nombre d'entre eux conçoivent ces besoins comme faisant partie du quotidien et ne se tracassent pas outre mesure pour l'avenir. Certains parents, constatant que leur réflexion sur la façon de gagner sa vie dans le futur ne motive pas leur adolescent, précipite la venue du futur en « mettant celui-ci à la porte. » Il semble que cette façon de faire ne constitue pas une solution. Certains ainsi jetés sur le pavé vont grossir les rangs des assistés sociaux et quelquefois des itinérants.

Cependant, si l'avenir ne présente pas d'intérêt pour le jeune en ce qui a trait à la satisfaction des besoins physiologiques, il devient fascinant au niveau de l'action : exercer le métier ou la profession de son rêve, quel projet que le rêve d'avenir !

EXEMPLE :

Je reçois à mon bureau un jeune de 12 ans, référé parce qu'il ne fait plus aucun devoir et dérange en classe. Son dossier est rempli de « billets bleus », sorte de contraventions pour travaux non faits et comportement insatisfaisant. Selon l'enseignant, il s'agit d'un cas désespéré.

« Est-ce qu'il t'est déjà arrivé, dis-je, de vivre une expérience, ou de voir quelqu'un que tu connais en vivre une, et que tu te sois dit en dedans de toi : « J'aimerais ça, faire ça plus tard ? »

« J'ai toujours aimé les animaux, dit-il. Quand je vois un animal blessé, un chat, un chien ou un oiseau je le soigne et j'aimerais ça un métier pour soigner les animaux. »

Nous nous dirigeons vers l'ordinateur et consultons le programme *Repères*, existant dans la plupart des écoles ayant un Centre d'Information Scolaire et Professionnelle (ISEP) et contenant des informations sur la plupart des métiers et professions pratiqués actuellement au Canada. Nous orientons notre recherche vers les monographies. Une monographie contient environ quatre pages et traite des points suivants :

a) Description de la profession,

b) Organisation et conditions de travail,

c) Intérêts,

d) Aptitudes et personnalité,

e) Tempérament et exigences physiques,

f) Conditions d'entrée dans la profession,

g) Perspectives de carrières.[1]

Nous écrivons *animaux* comme champ de recherche. Une liste d'une vingtaine de professions et métiers apparaît à l'écran. Elle

---

1. GRICS, (Société de gestion du réseau informatique des commissions scolaires), Système « REPÈRES »

contient : agriculteur, agronome, anatomiste, biologiste, biologiste de la vie aquatique, biologiste en parasitologie, boucher, conseiller technicien en élevage, gardien de jardin zoologique, inspecteur en protection animale, océanographe, ouvrier d'exploitation laitière, ouvrier de ferme d'élevage, pathologiste vétérinaire, producteur d'animaux à fourrure, taxidermiste, technicien de laboratoire vétérinaire, technicien-spécialiste en biologie, technicien en santé animale, technologiste en production végétale, vétérinaire, zoologiste, zootechnicien.

Après avoir éliminé un certain nombre de professions ne répondant pas à ses goûts, l'élève s'arrêta sur *vétérinaire*. Je lui fis lire la monographie et il me dit :

« Je pense que j'aimerais ça devenir vétérinaire ».

Nous avons regardé les exigences de niveau secondaire pour y parvenir. Nous avons remarqué qu'il était nécessaire d'avoir réussi le cours secondaire et entre autres les mathématiques fortes de la cinquième secondaire, la chimie de la même année et la physique de quatrième secondaire.

« Aimerais-tu vraiment ça devenir vétérinaire ?

– Ça fait longtemps que j'aime les animaux.

– Penses-tu qu'actuellement tu puisses faire quelque chose pour arriver à ce but ?

– Oui, bien étudier !

– Ça veut dire quoi bien étudier?

– Faire mes devoirs et apprendre mes leçons, écouter en classe et ne pas déranger.

– Qu'est-ce que tu pourrais faire d'ici la prochaine rencontre pour travailler à ton rêve d'avenir ?

– Je vais faire mes devoirs et arrêter de niaiser en classe. Je n'en veux plus de billets bleus. »

Nous nous sommes quittés en nous disant qu'à la prochaine rencontre nous regarderions les efforts accomplis.

Ce jeune possède un rêve d'avenir. Ce n'est pas important que ce rêve change ou demeure. L'essentiel, c'est qu'au moment de la rencontre ce rêve existe, qu'il soit assez ancré dans les désirs du jeune pour le pousser à agir. C'est à partir des attaches de ce rêve avec le présent que nous allons travailler. Nous allons amener l'élève à se fixer des objectifs pour une semaine, à partir de l'entrevue. Puis de semaine en semaine, nous allons revoir comment ces objectifs ont été atteints et en fixer de nouveaux.

À partir de la première rencontre, la situation a évolué progressivement de sorte qu'après trois rencontres l'élève faisait tous ses devoirs et n'avait plus aucun billet bleu.

Pour le jeune possédant une certaine autonomie, son rêve d'avenir est déjà en voie de réalisation et sa motivation réside dans son for intérieur.

EXEMPLE :

Assis à sa table de travail Pierre réfléchit. Les examens ont lieu dans une semaine. Il imagine déjà la réussite, une belle note dans son bulletin de fin d'année. « J'ai besoin d'une très belle note, pense-t-il, si je veux être accepté au collège de mon choix. » À la pensée de cette note Pierre ressent une sensation de bien-être. Mais voilà, c'est le mois de juin, la température est superbe et la tentation est forte d'aller rejoindre un groupe d'amis dans un chalet à quelques kilomètres de chez lui. Il est sur le point de céder. Intérieurement une voix lui dit : « Pierre, tu n'es pas encore prêt à passer ton examen ». Tout à coup une sensation de malaise s'empare de lui. Il lui a suffi d'imaginer une seule minute qu'il subissait un échec pour le bouleverser. « Non ! se dit-il intérieurement, je ne peux pas me payer un échec, je me mets à l'étude maintenant. »

Pierre pourrait céder à la tentation et aller rejoindre ses amis. Cependant, il *veut* réussir et *décide* d'étudier.

citation

Pour mener à bien son projet avec autant de vigueur l'élève doit posséder la confiance en soi, l'espérance d'atteindre son but et le sentiment de compétence (se sentir capable). Si Pierre n'avait pas eu confiance en sa compétence aurait-il pu espérer réussir ? Aurait-il pris la décision d'étudier au lieu d'aller au chalet ? Sans espérance, aurait-il pu être motivé ? Non. Sans le sentiment d'être compétent et sans l'espérance de réussir, non seulement il ne peut y avoir de motivation mais le découragement s'installe facilement et conduit au laisser-faire.

Des parents s'épuisent à vouloir motiver un jeune en situation d'échec. Quand un jeune sait que son année est entièrement ratée et qu'il devra la reprendre en entier l'année suivante, il est difficile de l'amener à travailler et à demeurer à l'école. Dans un tel cas la solution logique serait l'abandon jusqu'en septembre prochain, après avoir complété son inscription pour l'année suivante. Cependant si l'échec est partiel il faut faire prendre conscience à l'élève de l'avantage à terminer l'année étant donné que la promotion s'effectue par matière et qu'il peut sauver des unités.

2. Le besoin de sécurité

Le jeune adulte considère le besoin de sécurité comme important dans sa recherche de carrière. Cependant, beaucoup d'adolescents ne se soucient guère de cet aspect, leur sécurité étant assurée par leurs parents tout comme la satisfaction des besoins physiologiques. Le besoin de sécurité n'est donc pas un élément de motivation convenant à tous les jeunes.

3. Les besoins sociaux

Les besoins sociaux jouent un rôle de premier plan dans la fréquentation scolaire de certains jeunes venant à l'école en partie pour rencontrer leurs amis. Certains décrocheurs potentiels demeurent à l'école presque uniquement pour demeurer avec leurs amis.

Une école, qui réussirait à combler ce besoin d'appartenance des jeunes, deviendrait passionnante et n'aurait plus besoin de tenir sa clientèle captive.

Les besoins sociaux occupent une place importante dans la motivation même des adultes. Exemple : À son entrée dans un nouveau milieu de travail, une personne espère toujours, en plus de subvenir à ses besoins physiologiques, s'y plaire, c'est-à-dire rencontrer des gens sympathiques, être bien accueillie et bien traitée. Lorsque ce désir se concrétise, le travailleur développe un certain attachement pour son emploi et devient plus productif. Au contraire, si ses besoins sociaux ne trouvent pas leur satisfaction dans ce milieu de travail, le travailleur n'y investira que le minimum d'énergie, sera moins productif et peu attaché à cet emploi. À la moindre chance il l'abandonnera, il décrochera.

Que penser de l'élève qui abandonne l'école ? Peut-être n'y trouve-t-il pas une réponse à ses besoins sociaux ? Un reproche que les élèves font souvent à l'endroit des écoles, surtout les grosses, c'est qu'ils se sentent traités comme des numéros. Sans vouloir minimiser ce reproche, il existe peut-être une façon d'aider un élève à recevoir des services plus personnalisés et ainsi à développer des liens d'appartenance à l'école.

Une façon de l'aider serait de l'amener à découvrir toutes les ressources de son école et à en profiter. L'expérience nous a démontré que les décrocheurs étaient peu enclins à demander de l'aide. Peut-être, comme beaucoup de parents, ne connaissent-ils pas les services offerts par l'école ?

Quant aux élèves rejetés et bafoués, ils ont raison de dire que l'école n'est pas motivante.

4. Le besoin d'estime de soi

La plupart des personnes que je connais apprécient d'être reconnues à leur juste valeur. Un milieu de travail, reconnaissant les valeurs personnelles de ses employés, sera attachant.

Exemple : Un jour je dînais dans un restaurant. La seule place libre se trouvait à ma table. Un homme d'affaires s'avance et me demande la permission de s'installer en face de moi. J'acceptai et une conversation s'engagea. C'était un directeur d'entreprise. Il me raconta comment il gérait son personnel et sa façon de le faire participer à la gestion de la compagnie attira mon attention.

Ce directeur me raconta comment ses employés étaient attachés à l'entreprise. Les marques de confiance qu'il leur témoignait en les invitant à la cogestion avaient renforcé leurs liens d'appartenance par l'augmentation de l'estime de soi, chacun se sentant utile et concerné par l'entreprise.

Depuis la fondation de la compagnie, deux employés avaient quitté le service mais pour revenir quelques mois plus tard. Ce patron me raconta le départ du dernier et la réaction de ses compagnons de travail.

L'employé annonça à ses camarades qu'il quittait la compagnie. Les autres employés se dirent entre eux : « Il reviendra bien. » Et il revint.

 L'estime de soi comme nous venons de le constater peut contribuer au développement du sentiment d'appartenance.

Dans le milieu scolaire comment cela se passe-t-il ?

Des jeunes, ayant toutes les caractéristiques de décrocheurs potentiels, demeurent à l'école puisant valorisation et estime de soi dans les relations avec des enseignants.

L'élève, tout comme l'adulte, ne peut supporter un milieu pauvre en gratifications. Que dire de l'élève encaissant échec sur échec ? Non seulement il ne trouve aucun motif d'être fier de lui avec ses faibles performances, mais de plus, il aura à subir des humiliations de part et d'autre : peut-être sera-t-il ridiculisé par ses pairs ; peut-être ses parents le puniront-ils et le traiteront de paresseux ; peut-être que rien de tout cela ne se produira mais le jeune se dévalorisera lui-même en se comparant aux autres et en se disant : « Moi je suis bon à rien ! »

Dans de telles circonstances, l'abandon de l'école n'apparaît-il pas comme la solution la plus avantageuse ? Bien sûr et avec raison.

5. Le besoin de réalisation de soi.

Le besoin de réalisation de soi se fait sentir quand on a la conviction qu'il nous reste encore des talents à développer, des limites à dépasser, que l'on doit aller au-delà des réalisations accomplies jusqu'alors, des qualités à exploiter, un savoir à développer, etc.

La réalisation de soi peut revêtir diverses formes, selon les individus et les situations.

EXEMPLES :

Pierre travaille pour une compagnie depuis plusieurs années. Tout ce que sa situation pouvait lui procurer, il l'a. Cependant la source de ses ambitions n'est pas tarie. Il sent en lui un besoin de dépasser la situation présente. Une occasion s'offre : la compagnie enverra quelqu'un étudier en vue d'un poste supérieur. Pour Pierre, cette opportunité représente une façon de se réaliser. Il pose sa candidature.

Louis a eu l'occasion de poursuivre des études d'où lui est venu le goût de la recherche. Enfin il vient de trouver le moyen d'effectuer des recherches qui lui apporteront un complément de formation et la satisfaction d'un désir longtemps caressé.

Marthe pratique son sport favori depuis plusieurs années. Son rêve : maîtriser cette discipline. Avec les années et l'effort soutenu, elle a enfin acquis cette habileté tant convoitée.

Pierre, Louis et Marthe, dans des domaines différents, se sont réalisés.

Si, comme le pense un auteur, la satisfaction des besoins s'opère selon l'ordre hiérarchique, un travail qui permet la satisfaction des besoins (1, 2, 3, 4) facilite d'autant plus la réalisation de soi (besoin 5).

Comment un étudiant peut-il atteindre la réalisation de soi ?

Il semble bien que la multitude des activités scolaires et parascolaires constituent un champ propice à la réalisation de soi : des lieux de dépassement de soi s'offrent à lui dans la poursuite de l'excellence autant dans ses matières scolaires que dans les activités extra-scolaires. Tout succès acquis dans le cheminement conduisant au dépassement de soi générera l'estime de soi et apportera ce sentiment de fierté et de bien-être inhérent à l'accomplissement de soi. Hélas, tous ne parviennent pas à cette « béatitude ». Seule « l'élite » gravit tous les échelons conduisant à cette plénitude. Les élèves atteignant à peine le minimum requis pour être promus, et ce malgré un travail acharné, demeurent sur leur appétit bien que leur désir de se réaliser soit bien vivant en eux. Quant à ceux qui échouent, le milieu scolaire ne représente aucunement un lieu de réalisation de soi. C'est pourquoi ils chercheront, hors de l'école, des façons de s'accomplir, de se réaliser et de s'épanouir. Pour eux le décrochage scolaire est des plus bénéfiques.

Si ces cinq besoins reconnus de base par Maslow apparaissent essentiels, comment se fait-il que des individus ne profitent pas des éléments positifs contenus dans leur environnement pour satisfaire leurs besoins ? Exemple : des élèves doués abandonnent l'école alors qu'ils possédent toutes les qualités pour réussir de brillantes études.

Les besoins existent mais il peut arriver que la personne ne les perçoive pas. Exemple : l'anorexique a toujours besoin de manger et boire pour vivre mais il ne le perçoit pas. Donc, pour qu'il y ait motivation il faut que le besoin soit perçu. Il peut arriver qu'un

individu ait de la difficulté à savoir ce qui lui manque. Quelquefois on sent que quelque chose ne va pas mais on arrive pas à
l'identifier clairement. Tout comme il peut arriver qu'entre deux
biens on ne sache pas lequel choisir. Pour pouvoir combler un
besoin, il faut d'abord en être conscient. Cette prise de conscience
sera possible si des signes révélant un besoin apparaissent. Exemple : l'estomac est vide, le besoin de nourriture tend à se révéler ;
un signal, la faim, apparaît à travers une sensation inconfortable.
La sensation est perçue et alors l'individu se met en quête de
nourriture. Si la nourriture ne se trouve pas dans son réfrigérateur,
l'individu part à sa recherche et s'il n'a pas l'argent pour l'ache-
ter, il trouvera peut-être un élément de motivation pour travailler.

Tous les besoins ne se manifestent pas de façon aussi claire
que la faim, ainsi certaines personnes ont besoin d'aide pour arriver à les discerner.

Pour les besoins physiologiques, des signes appelés aussi *stimuli* révèlent leur présence et appellent une réponse. Les *stimuli*
servent à rendre l'individu conscient de ses besoins. Une fois
conscient du besoin réel, si l'individu veut vraiment le combler, il
entre en action.

Pour les besoins psychologiques, les signes ne sont pas toujours aussi évidents que dans le cas des besoins physiologiques.
L'individu peut ressentir un vide au plan psychologique sans pouvoir le localiser ni identifier ce dont il a besoin.

Le processus utilisé pour satisfaire les besoins peut nous éclai-
rer sur le fait que des besoins sont non satisfaits.

Dans la recherche de satisfactions, l'individu est

a) subjectif,

b) évaluatif,
c) sélectif.

a) Subjectif : la recherche de satisfactions s'effectue à partir des besoins ressentis ou reconnus par le sujet. On aura beau essayer de convaincre un individu qu'il a besoin de telle ou telle chose, tant que lui-même ne la perçoit pas comme un besoin, cette chose si bonne et si nécessaire soit-elle, n'existera pas comme besoin.

EXEMPLE :

Quand on travaille avec les décrocheurs on peut avoir la tentation d'essayer de les convaincre que l'école est essentielle à leur vie. On utilise alors tout le répertoire d'arguments disponibles et la plupart du temps sans succès.

Il est nécessaire d'amener l'élève à reconnaître l'école comme un besoin pour lui, non pas par des arguments, mais par des questions l'obligeant à réfléchir. Une façon d'aborder le sujet est de questionner l'élève sur son rêve d'avenir ; l'interroger sur les moyens qu'il entrevoit utiliser pour le réaliser, en lui faisant préciser le plus possible sa façon de faire.

EXEMPLE :

Cas de Rémi (non fictif) 14 ans.

Je me rendis visiter un jeune décrocheur. Lui et ses parents m'attendaient. En arrivant chez eux, je réalisai que j'étais chez un entrepreneur en excavation possédant de nombreuses machines.

On s'installa autour de la table de cuisine.

Après avoir examiné les circonstances de ce cas d'abandon, je demandai à Rémi :

– Et maintenant qu'as-tu l'intention de faire ?

– Bon, je vais travailler pour mon père !

À ces paroles le père fronça les sourcils. Je lui demandai alors ce qu'il en pensait. « Bien, à 14 ans, dit-il, je ne vois vraiment pas ce qu'il peut faire dans une entreprise d'excavation. Si je l'engage, je suis bien conscient que l'ouvrage que je pourrai lui faire faire sera plus pour l'occuper que parce que j'en ai besoin. Mes employés sont surtout des conducteurs de machinerie lourde »

Je demandai alors à Rémi :

« Si ton père t'engage parce que tu es son fils, quand ton père ne sera plus là pour t'épauler, qu'as-tu l'intention de faire ?

– Un jour j'ai l'intention de reprendre la business de mon père.

Le père reprit :

– Comment vas-tu administrer cette « business » avec ton secondaire 2 ?

Il y eut un silence et Rémi répondit :

– Bon, j'y ai pas vraiment pensé.

J'ajoutai alors :

– Veux-tu réfléchir à ça et je te rappellerai dans quelques jours.

– Oui, d'accord !

Quelques jours plus tard, je lui téléphonai et il me dit :

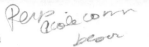

– J'ai réfléchi, j'en ai parlé avec mon père et je pense que pour administrer une affaire comme ça, j'aurais besoin de savoir plus compter, peut-être d'apprendre un peu de comptabilité, peut-être d'apprendre un peu c'est quoi l'excavation !

– Ça veut dire quoi ça ? demandai-je.

– Bien, je pense que j'ai besoin de retourner à l'école.

– Serais-tu prêt à commencer bientôt, étant donné qu'il y a peu de temps que tu as quitté ?

– Oui, le plus tôt possible.

– Bon, je contacte l'école et je te rappelle. »

L'idée de revenir à l'école, la perception de l'école comme besoin n'était pas de moi mais de lui et je crois que c'est la raison principale pour laquelle ce fut efficace.

b) Évaluatif : le sujet évalue les divers moyens de satisfaire son ou ses besoins. Il compare les diverses possibilités faisant partie de l'éventail des moyens. Tant qu'il ne reconnaît pas l'élément X comme un moyen de répondre à ses besoins, il ne l'adopte pas même s'il est le meilleur.

c) Sélectif : une fois le besoin bien perçu et les divers moyens reconnus comme tels, le sujet choisira ceux qui, selon lui, satisferont le mieux ses besoins.

EXEMPLE :

a) Aspect subjectif : le besoin de Rémi, c'est d'être capable de s'intégrer à l'entreprise de son père et éventuellement de la diriger.

b) Aspect évaluatif : Rémi regarde les différentes possibilités :
parfaire sa formation semble un excellent moyen.

c) Aspect sélectif : il choisit le retour à l'école.

***

IMPORTANT

L'individu ne peut demeurer au stade de la motivation extrinsèque en permanence, c'est-à-dire attendant sans cesse pour agir
que les autres lui apportent sur un plateau d'argent les renforcements nécessaires à son action.

Un jeune, ayant comme seule motivation l'influence de l'entourage, ne fréquentera pas l'école très longtemps, parce que les
personnes tentant de le motiver vont finir par s'épuiser et, abandonné à lui-même, il décrochera.

La seule vraie motivation est celle résidant à l'intérieur de
l'individu. Elle s'exprime à travers les démarches entreprises par
l'individu pour satisfaire ses besoins.

Le jeune ne percevant pas l'école comme un moyen de satisfaire ses besoins ne sera pas motivé à la fréquenter.

Les rapports de force et la violence ne motivent aucunement.
Ils ne font que retarder l'éclatement de la situation.

Aider un jeune à découvrir son rêve d'avenir et les moyens de
le réaliser, voilà une façon de motiver s'avérant efficace.

POINT DE VUE DES EXPERTS

Abraham Maslow, psychologue américain, tenta en 1954 d'expliquer la motivation à partir de cinq besoins de base nécessaires autant à la survie qu'à la croissance de tout individu. Il n'était pas le premier à s'intéresser à la motivation. Dans les années 1800, le désir de rendre les employés plus productifs a conduit un bon nombre de chercheurs à s'intéresser de plus près à la motivation. Ainsi diverses théories, visant à rendre les employés plus rentables, ont fait leur apparition. Et depuis ce temps, les penseurs n'ont cessé de labourer ce champ de recherche et d'en appliquer les fruits à divers secteurs de la vie humaine, notamment à l'éducation. Selon Maslow, la motivation réside justement dans tout le processus mis en branle pour satisfaire ses besoins au lieu d'être mue par l'entourage.

1- Les besoins physiologiques, i.e. boire et manger.

2- Le besoin de sécurité, protection contre tous les dangers, les menaces, les privations (Mucchielli 1977).

3- Les besoins sociaux, besoins « d'appartenance, d'association, d'acceptation par les autres »... etc. (Mucchielli).

4- Le besoin d'estime de soi. Besoin d'être fier de soi.

5- Le besoin de réalisation de soi. Besoin d'accomplissement et d'épanouissement de soi.

Les trois premiers besoins (1, 2, 3) ont été appelés par McGregor « besoins de survie » parce qu'ils sont essentiels à la vie. Les besoins 4 et 5 ont été appelés, par le même spécialiste, besoins de croissance parce qu'ils permettent à l'individu de s'épanouir et de développer ses talents.

Pour bien comprendre cette théorie, il est important de noter que pour satisfaire les besoins de niveau supérieur (4, 5), il faut d'abord avoir satisfait successivement les besoins 1, 2, et 3. Cela signifie que tant que l'individu n'a pas solutionné ses besoins de nourriture, il ne peut penser aux besoins de sécurité et ainsi de suite.

Sources : notes de cours et Mucchielli, Alex. *Psycho-sociologie des organisations*, p. 16.

Le rêve d'avenir

Ce qu'il est...
Son importance...

J'appelle **rêve d'avenir** cet attrait pour un métier ou une profession relié, soit à l'admiration pour une personne pratiquant ce métier ou cette profession (exemple : le jeune veut devenir pompier comme son père), soit à un goût dont on ne connaît souvent pas l'origine. Le rêve d'avenir est important en ce sens qu'il donne au jeune un motif de fréquenter l'école.

En 1984, après avoir fait passé le test P.A.S. (Prévention Abandon Scolaire) 50 jeunes, ayant l'indice désintérêt-décrochage (cf. tableau 7), sont ressortis.

Après les avoir rencontrés individuellement pendant une heure, on constata qu'aucun des 50 élèves ne possédait de rêve d'avenir et que tous venaient à l'école par « obligation » sous peine de sanction.

Cette expérience nous montre l'importance de vérifier l'existence ou l'absence du rêve d'avenir quand on veut intervenir auprès des élèves non-motivés.

L'EXPÉRIENCE D'UN PARENT...

Un père de famille vint me consulter lors d'une rencontre parents/maîtres. Il m'exposa son problème :

« J'ai un fils en 4e secondaire, dit-il, et il est plein de talents. Le problème c'est qu'à la maison il n'étudie jamais et on n'arrive pas à le motiver pour l'étude. C'est vrai qu'il réussit quand même bien mais ses notes sont loin de ce qu'elles pourraient être s'il travaillait le moindrement.

– Avez-vous déjà discuté avec votre fils de son rêve d'avenir, dis-je ? Vous a-t-il déjà fait des confidences au sujet de ses projets post-secondaires ?

– Non, dit-il.

– Essayez donc, pendant le souper, de discuter avec vos jeunes au sujet de ce qu'ils ameraient faire comme métier ou profession.

Quelques semaines plus tard, ce père me rappela :

– J'ai discuté avec mes gars de leur rêve d'avenir comme tu me l'avais suggéré. J'ai découvert que celui qui est en 4e secondaire n'avait rien en vue. On a discuté une bonne partie du souper. Tout à coup il a commencé à me dire : « La recherche m'intéresse ». Je lui ai alors suggéré de s'informer à l'école et de m'en reparler car j'étais très intéressé par son projet. Il apprit que pour aller en recherche en sciences il avait besoin des mathématiques 534, de la physique de secondaire 4 et de la chimie de secondaire 5. Tu devrais voir comment il s'est mis à l'étude. »

L'INTERVENTION CURATIVE

Notre adolescent vient de quitter l'école. Il a remis ses livres à la direction, il est revenu à la maison. Demain il n'ira pas à l'école.

Que faire ?

Allons-nous tout simplement laisser évoluer la situation sans rien faire ou décidons-nous d'intervenir ?

Que se passera-t-il si nous demeurons complètement hors du vécu du jeune ?

Sommes-nous prêts à assister, impassibles, à ces longues journées passées dans l'oisiveté soit à la maison, soit à l'extérieur : centres d'achat, arcades, etc. ?

Que voulons-nous pour notre enfant ? Qu'il devienne autonome et capable de subvenir à ses besoins.

Nous ne pouvons pas demeurer indifférents à ce qu'il est en train de vivre ! Cependant, nous ne pouvons pas agir à la légère.

Avant d'intervenir comme parents, il est important d'être bien conscient de la situation.

Sommes-nous en face d'un jeune enthousiasmé à l'idée de pouvoir enfin gagner de l'argent, motivé pour le marché du travail et prêt à courir à la recherche d'un emploi ? Si oui, ne pas éteindre la mèche qui fume.

Sommes-nous devant un jeune démotivé, écœuré, blasé ?

Selon la situation, l'intervention sera différente.

Avant d'intervenir, deux questions se posent :

Questions antérieures à l'intervention

1. Mon jeune quitte-t-il l'école pour aller travailler parce qu'il s'est trouvé un emploi ou qu'il a l'intention d'en trouver un ?

2. Mon jeune quitte-t-il l'école parce qu'il en a assez : la tension et le stress sont tels qu'il est sur le point d'éclater ?

Symptômes :

– il ne sourit plus,

– il est préoccupé et tendu voire même dépressif,

– il est agressif et n'accepte plus de dialogue,

– entendre le mot école le fait sursauter.

Premier scénario :

Ce jeune est heureux et enthousiasmé d'avoir quitté l'école et emballé à l'idée d'être autonome. Peut-être cet enthousiasme persistera-t-il s'il trouve le travail désiré. Cependant, cet emballement peut aussi se transformer en désillusion.

Devant la désillusion certains parents seront tentés de dire : « Je te l'avais dit que ça arriverait, tu aurais dû rester à l'école...etc. »

Ce genre de réplique est inutile et risque de culpabiliser et décourager. Maintenant qu'il est engagé dans une voie, le jeune a besoin d'être encouragé et aidé pour vivre sereinement son

expérience et en tirer des conclusions qui probablement le ramè-
neront à l'école tôt ou tard.

Deuxième scénario :

Le jeune est blasé et n'arrive plus à se lever le matin. Il
s'alimente peu ou mal et tourne en rond. Il semble bien que son
espérance est plutôt vacillante et qu'il a besoin d'être aidé pour
reprendre goût à la vie.

Le jeune a besoin de décompresser.

Première phase : La décompression.

Lorsque, après plusieurs expériences douleureuses, le décrocheur quitte l'école parce qu'il en a assez, il arrive qu'il développe
de l'aversion pour elle.

Avant de pouvoir réintégrer l'école, le jeune a besoin d'un
temps plus ou moins long, soit pour faire certaines expériences de
travail, soit pour laisser diminuer le stress et la tension.

EXEMPLES :

Un certain nombre de jeunes venaient d'eux-mêmes demander
leur admission au « Projet pour Raccrocheurs Intéressés »
(P.R.I.), ressource dont je m'occupais de 1984 à 1988. Certains
d'entre eux n'avaient pu trouver l'emploi désiré à cause de leur
scolarité insuffisante, d'autres avaient tout simplement été exploi-
tés dans des emplois peu rémunérés ou dans un travail au noir,
sans aucune sécurité, leur nom ne figurant sur aucune liste de
paye, et aucune cotisation ne leur étant réclamée ni pour l'assurance chômage ni pour une association syndicale.

Les jeunes réintégrant l'école après ces expériences étaient plus motivés qu'avant leur décrochage, parce qu'ils avaient réalisé l'utilité d'un diplôme pour se tailler une place sur le marché du travail.

Certains ayant quitté l'école en situation de crise y sont revenus un an plus tard. D'autres avaient reçu de l'aide pour solutionner leurs conflits.

Enfin, la plupart reconnaissait que l'école, avec ses forces et ses faiblesses, demeure le prix à payer pour s'instruire.

La phase de décompression est de la plus haute importance, car l'élève réintégrant l'école sans avoir solutionné les problèmes ayant causé son départ demeurera toujours un décrocheur potentiel.

Cependant, pour les jeunes de moins de 16 ans (âge limite de fréquentation scolaire obligatoire), la question est plus délicate. On peut difficilement imaginer une expérience de travail, sauf dans l'entreprise familiale, car les employeurs sont réticents à embaucher des jeunes de cet âge, à moins qu'il ne fasse partie d'un programme de stage supervisé par l'école, une telle ressource existant dans certaines commissions scolaires. Il serait souhaitable de consulter un professionnel de l'école surtout si vous décelez chez votre enfant des signes de stress et de tensions inhabituels.

Certaines écoles possèdent des ressources permettant à l'élève d'âge de fréquentation obligatoire de décompresser sans avoir à quitter l'école.

Deuxième phase : La réorientation.

Il est douloureux, pour nous parents, d'imaginer que notre enfant s'achemine vers une impasse et, impatients d'arriver à une solution, nous sommes souvent tentés d'intervenir de façon autoritaire bien que nous sachions qu'en dernier ressort la décision lui appartient. Comment l'aider à discerner la meilleure voie ?

Le dialogue

La communication parents/enfant constitue à la fois un mode d'intervention préventif et curatif. Cependant, pour atteindre son but, c'est-à-dire amener le jeune à effectuer les bons choix, le dialogue devra tenir compte du fait suivant : dans la recherche de satisfaction de ses besoins, l'individu est

a) subjectif,
b) évaluatif,
c) sélectif.

En d'autres termes, le jeune ne choisira que les solutions répondant à un besoin reconnu par lui.

Au lieu d'être directifs et de vouloir imposer nos solutions il sera plus approprié d'aider le jeune à clarifier ce qu'il veut, ses buts, étant donné qu'un individu doit percevoir ses besoins pour y répondre.

Pourquoi ne pas ouvrir le dialogue en lui demandant ce qu'il a l'intention de faire maintenant qu'il ne va plus à l'école.

Il est difficile de répondre à cette question de façon impromptue. Ainsi les premiers éléments de réponse du jeune pourront apparaître irréalistes et farfelus selon notre logique d'adultes ayant l'expérience de la vie. Peut-être serons-nous tentés de rétorquer : « Cela n'a pas de bon sens ! » ce qui risquerait de clore le dialogue. Par contre en remettant en question la réponse reçue nous pourrons amener notre interlocuteur à en déceler lui-même les points faibles et à reformuler une nouvelle réponse.

C'est en approfondissant chacune des réponses données, sans les juger ni les condamner, que le jeune découvrira ce qu'il veut.

Socrate, philosophe grec, utilisait cette méthode simple et efficace, appelée maïeutique, pour amener les gens à découvrir la vérité. Quant à nous, nous l'avons utilisée maintes fois avec succès pour ramener des jeunes à l'école.

Quand, enfin le jeune aura précisé ce qu'il veut vraiment (exemple : je veux devenir mécanicien) nous l'amènerons alors à dire comment il pense s'y prendre : les moyens à utiliser, le temps nécessaire, les renoncements, etc.

Peut-être optera-t-il pour l'école dans un avenir prochain, peut-être préférera-t-il attendre ? Quoi qu'il en soit il ne faut pas dramatiser la situation. Avec l'éducation des adultes, le décrocheur peut prendre le temps nécessaire pour vivre ses expériences et ensuite revenir aux études.

Le décrochage scolaire n'est pas tragique. Une porte demeure toujours ouverte à celui qui veut reprendre des études.

***

IMPORTANT

Parmi les jeunes quittant l'école, certains se retrouvent souvent dans la solitude.

Même s'ils se sentent libérés de l'école, des décrocheurs vivent le décrochage comme un échec, se culpabilisent et se dévalorisent.

La communication parents/enfant, en plus d'aider le jeune à se retrouver, permet aussi à celui-ci de se libérer intérieurement en verbalisant ses craintes et son anxiété. L'écoute apparaît donc comme un aspect important de cette communication.

Dramatiser le décrochage scolaire peut contribuer à augmenter la culpabilité et l'anxiété.

Le décrochage scolaire n'est pas dramatique, puisqu'un individu peut toujours, quand il sera motivé, reprendre des études.

Que le jeune vive son décrochage de façon sereine est plus important que la réintégration « forcée » à l'école.

QUE FAUT-IL POUR OBTENIR UNE RECONNAISSANCE D'ÉTUDES AU SECONDAIRE ?

Un décrocheur scolaire est, par définition, quelqu'un ayant quitté le système d'éducation sans avoir obtenu de premier diplôme.

Selon le cheminement de chacun, quatre formes de reconnaissance d'études sont offertes au secondaire.

1. Le DES, diplôme d'études secondaires,

2. Un DEP, diplôme d'études professionnelles,

3. Un CEP, certificat d'études professionnelles,

4. Une ASP, attestation d'études professionnelles.

Étant donné que l'obtention d'une ASP nécessite un DEP ou un CEP, on peut dire qu'il existe trois façons d'obtenir un premier diplôme au secondaire : DES, DEP, CEP, c'est-à-dire trois moyens de ne pas être compté comme décrocheur.

Quelles sont les exigences pour l'obtention d'un de ces papiers.

LE DIPLÔME D'ÉTUDES SECONDAIRES (DES)

Pour obtenir le diplôme d'études secondaires (DES), l'élève doit avoir obtenu 130 unités réparties sur cinq ans, soit de la première à la cinquième secondaire.

La question se pose alors : Qu'est-ce que les unités ?

Chaque matière enseignée au secondaire et faisant partie de la liste des programmes approuvés par le ministère de l'Éducation comporte habituellement un certain nombre d'unités, proportionnel au nombre d'heures d'enseignement dispensées dans cette matière chaque semaine.

On reconnaît le nombre d'unités accordées à une matière par le dernier chiffre composant son code. Exemple : FRA 116 (français 116) donne six unités, le premier des trois chiffres désignant le degré (1 = 1re secondaire).

Sur 130 unités requises pour l'obtention d'un DES, un certain nombre est obligatoire, c'est-à-dire que non seulement l'élève doit avoir suivi les cours, mais il doit les avoir réussis.

Depuis un certain nombre d'années, le passage d'un régime pédagogique à un autre a été marqué par l'augmentation des exigences pour l'obtention du DES. Ainsi avec l'ancien régime, l'obtention du DES, apparaissait comme plus facile.

Dans le tableau 8 nous comparons les exigences des trois régimes, mais notons auparavant que :

a) l'ancien régime était déjà en application en 1968 et le demeura jusqu'au début des années 80.

b) succédant à l'ancien régime, le régime transitoire entra en vigueur au début des années 80.

c) le nouveau régime aurait dû s'appliquer aux clientèles de la 1re et 2e secondaire de septembre 1988, mais son application a été différée.

Suite à l'augmentation des exigences pour l'obtention du DES, ceux et celles qui avaient atteint leur vitesse de croisière avec les régimes précédents pourront se sentir vite dépassés avec la tombée du couperet du nouveau régime et rencontrer des difficultés dans l'obtention de ce diplôme.

Le ministère prévoyait-il qu'un flot d'élèves n'obtiendraient pas le DES quand il lança d'autres modes de certification tels les diplômes d'études professionnelles (DEP) et les certificats d'études professionnelles (CEP)? Quoi qu'il en soit, ces nouveaux modes de certification permettront à des élèves ne pouvant répondre aux exigences du DES de ne pas décrocher.

Bien que le but premier de la formation professionnelle au secondaire ne soit pas de pallier aux difficultés rencontrées dans la poursuite du DES, il n'en demeure pas moins qu'elle est une planche du salut pour beaucoup d'élèves qui autrement seraient devenus des décrocheurs.

LE DIPLÔME D'ÉTUDES PROFESSIONNELLES (D.E.P)

Les conditions d'admission à un DEP sont : a) détenir un DES ou b) être âgé de 16 ans et avoir réussi quatre matières de la 4ᵉ secondaire, soit français, anglais, mathématiques et morale ou religion.

Le DEP s'obtient après un nombre d'heures spécifique dans chaque programme de formation professionnelle. La durée de cette formation peut varier entre une et demi et deux années.

Il existe au-delà de 200 programmes de formation professionnelle dispensés dans les polyvalentes et autres écoles de la province.

Considération

Comme nous venons de le dire, le DES est une des voies d'accès au DEP où la réussite des mathématiques de quatrième secondaire est déjà une condition d'admission. Or, sous le régime transitoire, la réussite des mathématiques n'est pas obligatoire à l'obtention du DES et celui-ci devient alors une porte d'entrée intéressante au DEP pour les élèves ayant des difficultés dans cette matière. Quand le nouveau régime pédagogique sera en application, parce que la réussite des mathématiques de cinquième secondaire y est une condition pour obtenir le DES, cette porte d'entrée au DEP se fermera. Les élèves dans l'impossibilité de réussir les mathématiques de quatrième secondaire devront, selon toute logique, renoncer à ce diplôme.

Pour éliminer ce double obstacle : obligation de réussir les mathématiques pour obtenir un DES et pour être admis au DEP, le ministère de l'Éducation ne devrait considérer les mathématiques de 4e secondaire, comme critère d'admission, que pour les DEP où cette discipline est essentielle. Car on les sait, la performance en mathématiques n'est pas de rigueur dans tous les métiers.

Le ministère devrait procéder de la même façon qu'au cours collégial où il existe une voie sans mathématiques: **sciences humaines sans mathématiques** conduisant à des carrières où la connaissance des mathématiques n'est pas essentielle.

Les parents concernés par cette proposition pourront toujours faire des revendications auprès du ministère de l'éducation en passant par leur comité d'école et les comités de parents.

LE CERTIFICAT D'ÉTUDES PROFESSIONNELLES (C.E.P)

Les exigences académiques pour être admis à un CEP consistent dans la réussite de quatre matières de la 3e secondaire: français, anglais, mathématiques et morale ou religion.

L'ATTESTATION DE SPÉCIALISATION PROFESSIONNELLE (A.S.P)

Quant à l'attestation de spécialisation professionnelle elle nécessite l'obtention soit d'un DEP ou d'un CEP.

Malgré ces divers modes d'accès à un diplôme, des élèves continueront de décrocher.

Pour les élèves âgés de 18 ans et ayant interrompu leurs études pendant une année, l'éducation des adultes demeure la ressource ultime offerte à ces décrocheurs désirant se scolariser.

Comment sauver des unités ?

Lorsqu'un élève en situation d'échec vous annonce qu'il veut quitter l'école en cours d'année, il est souvent important de l'amener à reconsidérer sa décision en fonction des unités qu'il pourrait obtenir s'il n'abandonnait pas avant les examens de fin d'année.

EXEMPLE :

Un élève de 4e secondaire me fait part de son intention de quitter l'école au mois de février. Voici la démarche effectuée avec lui.

1) Nous avons examiné les notes de chacune des matières de son bulletin pour savoir si pour certaines d'entre elles le succès semblait acquis. Nous avons alors constaté que quatorze unités étaient assurées sans difficulté.

2) Nous nous sommes ensuite penchés sur les autres matières pour savoir si certains échecs semblaient remédiables. Nous avons alors réalisé que malgré des difficultés évidentes, quatre unités pouvaient être récupérées. Quatorze unités étaient assurées et quatre autres pouvaient être récupérées. Au total, l'élève pouvait réussir entre quatorze et dix-huit unités.

L'élève prit conscience que :

a) s'il quittait avant la fin de l'année il perdrait tout.

b) 14 unités sur 130 unités, soit presque 10 % du nombre minimum exigé pour l'obtention du DES, pouvaient être obtenues.

Devant ces constatations, l'élève a décidé de terminer son année.

Souvent, des élèves aveuglés par les échecs se découragent, se disant que tout est perdu. Ils ne pensent même pas à effectuer ce petit calcul pouvant modifier leur décision.

Voilà une intervention essentielle.

***

IMPORTANT

La promotion par matière fait en sorte que, malgré des échecs nombreux, un élève peut quand même acquérir quelques unités s'il n'abandonne pas avant de s'être présenté aux examens de fin d'année.

Tableau 8

Exigences des régimes pédagogiques

Ancien régime	Régime transitoire	Nouveau régime
Unités exigées	Crédits exigés	Unités exigées
18	au total 130	130
10 en 5ᵉ secondaire	dont 20 en 5ᵉ secondaire	
8 en 4ᵉ secondaire		
	Matières obligatoires	
Français de 4ᵉ et 5ᵉ	Français de 4ᵉ et 5ᵉ	Français de 4ᵉ et 5ᵉ
Anglais de 4ᵉ ou 5ᵉ	Anglais de 4ᵉ ou 5ᵉ	Anglais de 4ᵉ et 5ᵉ
Histoire 412	Histoire 414	2 des 3 cours*
	Morale ou religion de 4ᵉ ou 5ᵉ secondaire	*Géographie 314 *Histoire 414 *Éduc. économique 514
		2 des 3 cours* (4ᵉ ou 5ᵉ secondaire) *Éducation Physique *Formation personnelle et sociale *Éducation choix de carrière
		Mathématiques de 5ᵉ
		Physique de 4ᵉ
	Élèves visés par ces régimes	
Aucun, ce régime n'étant plus en application.	Ceux de 3ᵉ, 4ᵉ et 5ᵉ secondaire en 1991-92	Ceux de la 1ʳᵉ et 2ᵉ secondaire en 1991-92

QUELLE SERAIT UNE COLLABORATION PARENTS-ENFANT-ÉCOLE ?

Comme nous l'avons déjà signalé, la responsabilité des parents est importante dans la prévention de l'abandon scolaire prématuré. Cependant, comme les étudiants passent une partie importante de leurs journées à l'école, nous devons reconnaître une part de responsabilité revenant à celle-ci dans ce travail de prévention. Enfin, comme ni les parents, ni l'école ne peuvent tenir un jeune aux études sans son consentement, la prévention c'est aussi « l'affaire du jeune ».

Une collaboration doit donc exister entre les parents, le jeune et l'école dans leurs efforts pour mener à terme le cheminement scolaire entrepris.

Dans le dictionnaire Larousse (1980, page 226), on peut lire au terme « collaborer » : « Travailler avec une ou plusieurs personnes à une œuvre commune ».

Une collaboration comprend donc deux volets : le premier composé de personnes travaillant ensemble et le deuxième un but commun.

On pourrait schématiser une collaboration, en éducation, de la façon suivante :

Trois partenaires

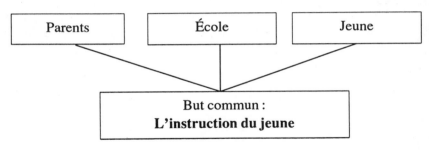

Un but commun, l'instruction du jeune, place dans une relation de collaboration trois partenaires :

Le jeune collabore à son instruction, avec l'école et ses parents. Les parents collaborent avec le jeune et l'école. L'école
collabore avec le jeune et ses parents.

Dans ce qui précède, on remarquera que jamais la collaboration idéale ne saurait être à sens unique.

COLLABORATION EN ÉDUCATION

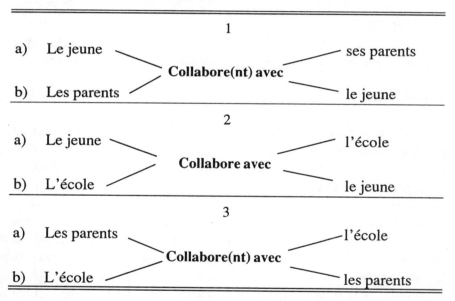

1

a)   Le jeune   ses parents

        Collabore(nt) avec

b)   Les parents   le jeune

2

a)   Le jeune   l'école

        Collabore avec

b)   L'école   le jeune

3

a)   Les parents   l'école

        Collabore(nt) avec

b)   L'école   les parents

Compte tenu du fait que les partenaires travaillent à une œuvre
commune, il est essentiel qu'une relation à « double sens » existe
entre eux, car lorsqu'un des partenaires cesse d'être agissant, le
fardeau de la tâche à accomplir repose entièrement sur les épaules
de l'autre.

EXEMPLE :

Si a) devient passif, b) se voit dans l'obligation d'être deux fois plus actif en tentant d'accomplir la tâche de a).

On distingue donc deux formes spécifiques de collaboration autour de ce but commun qu'est l'instruction des jeunes. Ces deux formes de collaboration sont liées intimement au vécu scolaire du jeune : forme préventive et forme curative.

Collaboration préventive

Si le but commun visé par les trois partenaires consiste à mener à terme les études entreprises par le jeune, chacun des partenaires aura un rôle précis à jouer dans cette collaboration.

Rôle du jeune

La collaboration minimale du jeune avec l'école se résume en une présence assidue à l'école, une certaine attention en classe et l'accomplissement des études et travaux requis pour l'obtention de la note de passage, 60 %.

Une collaboration maximale consisterait bien sûr dans la présence à l'école, une présence active en classe (prise de notes, formulation de questions et pleine participation aux travaux d'équipes) et dans un accomplissement d'études et travaux à la mesure des capacités de chacun en vue d'atteindre les résultats les meilleurs.

La collaboration du jeune dépend de sa motivation pour l'école dont le milieu familial est responsable pour une bonne part.

Le jeune collabore avec ses parents non seulement lorsqu'il utilise à bon escient les ressources intellectuelles, l'héritage culturel, et les ressources matérielles qu'ils mettent à sa disposition, mais aussi lorsqu'il ne s'oppose pas à l'encadrement qu'ils lui donnent.

Rôle des parents

La collaboration des parents avec le jeune peut se résumer, d'une part, en la satisfaction des besoins essentiels de leur enfant pour fréquenter l'école et aux efforts accomplis pour le motiver, d'autre part, à l'écoute attentive qui leur permettra de reconnaître les difficultés vécues par le jeune et à l'encouragement à lui prodiguer pour l'amener à demander de l'aide, notamment à utiliser les ressources de l'école. Cette dernière conduite s'avère d'une importance capitale dans une démarche préventive.

En effet, la plupart des études sur l'abandon scolaire font ressortir le fait que les futurs décrocheurs ont peu ou pas recours à l'aide disponible pouvant leur éviter d'abandonner l'école.

La collaboration des parents avec l'école repose sur une franche communication avec cette dernière. Ainsi, les parents signant des faux billets d'absences, en plus d'encourager le jeune à tricher et à fuir ses responsabilités, ne collaborent pas avec l'école ni avec l'écolier d'ailleurs.

La participation aux rencontres parents/maîtres de même que la consultation des professionnels de l'école constituent un autre volet de cette collaboration.

Enfin, la concertation des parents avec l'école dans un processus d'aide au jeune est capitale. Sans cette concertation l'effort de l'école demeure solitaire, privé d'appui et de continuité.

D'autre part, si les parents ignorent le sens des démarches entreprises par l'école auprès du jeune, non seulement ils ne peuvent y participer mais de plus il peut arriver, avec toute leur bonne volonté, qu'ils agissent à l'encontre de cette démarche.

Rôle de l'école

Dans sa collaboration avec les jeunes, l'école se doit de fournir aux élèves, des enseignants compétents en nombre suffisant, un encadrement pédagogique de qualité et des conditions matérielles favorisant au maximum les apprentissages.

Des critères reconnus tels les connaissances (attestées par des diplômes et des brevets) et l'expérience antérieure permettent aux commissions scolaires d'engager, de concert avec les directions d'écoles, des enseignants compétents.

Quant au nombre pourrait-on dire qu'il est suffisant ?

Évidemment, plus les tâches des enseignants et des professionnels seront lourdes, plus il sera difficile, du point de vue quantitatif et même quelquefois qualitatif, de répondre aux besoins. Cependant, cette responsabilité relève du ministère de l'Éducation et des commissions scolaires.

Ceci étant dit, les école publiques ne sont pas dépourvues de personnel ni de services, elles en possèdent même beaucoup plus que certaines écoles privées.

Citons, comme exemple, les divers services offerts aux élèves des polyvalentes : en plus du personnel enseignant dégagé d'un certain nombre de périodes pour l'encadrement pédagogique des élèves, nous pouvons compter sur les services de psychologues, de conseillers d'orientation, d'un infirmier licencié, d'un travailleur social, d'animateurs de pastorale, de personnel engagé pour répondre à des besoins spécifiques tels décrocheurs, immigrants, information scolaire et professionnelle, support scolaire, insertion sociale et professionnelle, adaptation scolaire, loisirs, etc.

Toutes ces personnes sont au service des élèves et prêtes à seconder les parents dans leurs efforts pour assurer à leur jeune un degré de scolarisation pouvant répondre aux exigences du marché du travail.

Dans sa collaboration avec les jeunes et les parents, l'école se doit de mettre sur pied des services correspondant aux besoins identifiés et de promouvoir ces services en les faisant connaître auprès des élèves, des parents et de la population de son territoire.

Et lorsqu'une école ne possède pas la ressource spécifique aux besoins d'un élève, elle devrait diriger les parents vers une ressource extérieure et leur donner la chance de frapper à une autre porte. Imaginez l'anxiété des parents à qui on dirait : « Nous ne pouvons plus rien pour votre enfant, nous avons tout essayé ». Les professionnels (psychologue, conseiller d'orientation, travailleur social et d'autres) se font un devoir d'informer les parents des ressources extérieures à l'école.

Collaboration curative

Comme les décrocheurs sont peu enclins à demander de l'aide et que les parents se sentent souvent démunis et isolés, on comprendra que le rôle de l'école, comme agent de dépistage et de référence, est primordial.

Sur indication du directeur de l'élève, les conseillers d'orientation rencontrent le décrocheur pour discuter avec lui de son orientation future et lui proposer des ressources appropriées.

Encore faut-il que le sort des décrocheurs et la volonté de les aider fassent partie des priorités des commissions scolaires et des écoles. Nous savons que le ministère de l'Éducation accorde chaque année des subventions pour contrer le phénomène de l'abandon scolaire.

Donc, dans la réintégration des décrocheurs à l'école, la responsabilité est d'abord partagée entre le ministère de l'Éducation, les commissions scolaires et les écoles. La mise en place de ressources spécifiques leur appartient, surtout lorsque les jeunes sont d'âge légal de fréquentation scolaire, c'est-à-dire 16 ans non révolus.

Cependant, une commission scolaire ou une école ne peut se borner à poser des interventions légales servant davantage à la protéger qu'à aider l'élève, c'est-à-dire envoyer aux parents une lettre les avisant que l'absence de leur enfant à l'école est illégale ou se décharger du cas en le remettant entre les mains de la Protection de la jeunesse. Ces deux interventions, nécessaires au plan légal, demeurent des formalités sans suite et ne constituent nullement un service à l'élève.

L'avis légal s'avère inefficace. La pratique a depuis longtemps démontré que le jeune revenant à l'école suite à l'avis légal ne fait qu'obéir aux exigences de ses parents, agissant eux-mêmes par peur de la loi. La motivation pour l'école demeure absente et le jeune redécrochera à la prochaine occasion. Quant à la Protection de la jeunesse, débordée par des signalements beaucoup « plus graves » (ex : enfants abusés ou battus), elle ferme le dossier si, après une visite dans la famille, elle constate que l'enfant ne court aucun danger, ni physique ni moral.

Bref, une intervention de l'école, se voulant aidante, doit revêtir la forme d'un service. Exemple : relance des décrocheurs, rencontres au bureau ou à domicile, avec le jeune seul et/ou avec les parents, conception d'un plan d'intervention personnalisé, offre de ressources, entre autres, l'accès à des services d'orientation et/ou d'information scolaire, etc.

Les parents ont le droit d'exiger des services pour leur enfant décrocheur et lorsque ces services sont offerts, le moins qu'on puisse attendre d'eux c'est leur collaboration prenant la forme d'une concertation avec les intervenants scolaires. Exemple : faciliter les rencontres entre le jeune et l'intervenant ; participer avec l'intervenant au processus mis en place pour remotiver le jeune, lui redonner confiance dans la vie, lui apporter le support nécessaire pour un second départ.

Quant au jeune vivant parfois une situation de dévalorisation, de perte de confiance ou de découragement, sa collaboration peut se résumer en l'acceptation de l'aide offerte.

Cette collaboration entre les trois partenaires nommés ci-dessus constitue la charnière de toute fréquentation scolaire.

**

IMPORTANT

Sans la collaboration des trois partenaires, parents, jeune, école, les interventions demeurent incertaines.

CONCLUSION

Le décrocheur n'est pas entièrement responsable du geste qu'il pose en quittant l'école. Celui-ci étant souvent un adolescent, on ne saurait faire abstraction des difficultés que comporte cette période de son développement. Outre les difficultés inhérentes à cette étape de sa croissance, l'adolescent agit sous les influences rencontrées dans l'environnement familial, scolaire et social.

Le milieu familial

C'est dans le milieu familial que l'enfant commence en tout premier lieu à s'éveiller au monde qui l'entoure, à actualiser son potentiel intellectuel, à prononcer ses premiers mots et à développer le vocabulaire si important à son entrée à l'école.

C'est aussi dans l'environnement familial que le jeune puise le support et l'encouragement indispensables à la poursuite des études.

À l'opposé, les carences du milieu familial se répercutent dans la carrière scolaire du jeune.

Le milieu scolaire

En continuité et en collaboration avec le milieu familial, le milieu scolaire fournit à l'élève, en plus des moyens d'apprentissage, un encadrement favorisant la motivation pour le travail scolaire et contribue à son épanouissement personnel.

Cependant, à défaut d'être intéressant, il devra tenir sa clientèle captive, sous peine d'être déserté.

Le milieu extra-familial et extra-scolaire

Entre la famille et l'école se poursuivent les relations sociales commencées à l'école et de nouvelles connaissances se font dans un milieu extra-familial et extra-scolaire, dans cet entre-deux qui est aussi le lieu où s'effectue l'apprentissage de la vie en société, où s'estompent les interdits scolaires et familiaux (drogue, alcool, etc.) et où le besoin d'argent devient plus impérieux.

Le degré d'influence des trois milieux variera en fonction du pouvoir d'attraction de chacun.

En même temps qu'il promet liberté, autonomie et indépendance, l'entre-deux sollicite abondamment, exige beaucoup et son pouvoir d'attraction est très fort.

Les milieux familial et scolaire apparaissent contraignant en comparaison de l'entre-deux et leur pouvoir d'attraction est souvent moins fort.

Quand le pouvoir d'attraction de l'entre-deux est plus fort que celui du milieu scolaire, la motivation pour les études diminue.

Dans la mesure où le milieu familial a bien rempli sa mission et que « l'arrimage » avec le milieu scolaire a été réussi, la probabilité de la persévérance scolaire sera plus grande sans toutefois être assurée, car certains décrocheurs scolaires proviennent d'un milieu familial adéquat et fortement secondé par le milieu scolaire.

Le décrochage scolaire n'est peut-être pas l'expression d'un choix libre et éclairé mais le résultat d'un ensemble de circonstances et d'un jeu d'influences.

ANNEXE

LISTES NON EXHAUSTIVES DES PROGRAMMES DE DEP ET CEP

Le premier objectif poursuivi en produisant ces listes est de donner aux parents un aperçu général du nombre de programmes offerts en formation professionnelle au secondaire. C'est pourquoi ces listes demeurent incomplètes et ne suppléent en aucune façon à la quête d'informations auprès des conseillers en information scolaire et professionnelle et en orientation.

Étant donné que les ASP (attestations de spécialisation professionnelle) sont en continuité avec les CEP (certificats d'études professionnelles) et les DEP (diplômes d'études profesionnelles), nous n'avons pas jugé pertinent d'en donner la liste ici. L'étudiant terminant un DEP ou un CEP pourra trouver, auprès de ses professeurs d'Éducation aux Choix de Carrières (ECC), toute la documentation concernant les ASP.

Notre deuxième objectif consiste à démystifier cette idée voulant que pour faire carrière et réussir sa vie il faille absolument passer par le CÉGEP.

En effet, un grand nombre d'élèves s'inscrivent au CÉGEP en mésestimant les programmes du secondaire et en pensant que les CEP et DEP conduisent à des voies sans issue alors qu'actuellement, les probabilités de trouver un emploi rémunérateur sont grandes pour les étudiants fréquentant ces programmes.

On comprendra facilement qu'un élève dont le but est d'aller au CÉGEP uniquement par convention et à cause du prestige social attaché à cette maison d'enseignement, finisse par décrocher. Au contraire, combien d'élèves n'ont-ils pas trouvé une source de motivation en découvrant un rêve d'avenir dans les CEP et DEP.

LISTE DE PROGRAMMES CONDUISANT À L'OBTENTION D'UN DEP

Aménagement d'intérieur
Aménagement de la forêt
Analyste de laboratoire en travaux publics
Arpentage
Assistance dentaire
Assistance technique en pharmacie
Bijouterie-joaillerie
Charpenterie-menuiserie
Coiffure
Commercialisation des voyages
Comptabilité
Conduite et réglage de fraiseuse
Conduite et réglage de machine à mouler les plastiques
Confection et retouche de vêtements
Confection vente et mode
Conservation de la faune
Coupe et confection de vêtements féminins et masculins
Coupe et confection du cuir
Cuisine d'établissement
Dépannage des appareils électroniques domestiques
Dessin d'architecture et de structure
Dessin de mécanique
Dessin de patrons
Dessin général
Dessin publicitaire
Électricité de construction
Électromécanique des machines de bureau
Électromécanique des machines distributrices
Électromécanique des systèmes automatisés
Entretien de bâtiments nordiques

Épilation à l'électricité
Esthétique de maquillage
Étalage
Fabrication de moules (plastiques)
Fabrication de moules à injection (métaux et plastiques)
Fabrication de meubles en série
Finition du meuble
Horlogerie-bijouterie
Horticulture
Imprimerie
Informatique (opérateur)
Lettrage et sérigraphie
Mécanique (15 DEP différents)
Montage de matériel électronique
Opération d'usine de traitement d'eaux
Opération (pâtes et papier)
Photocomposition
Photographie
Photolithographie
Plomberie
Prévention des incendies
Production laitière
Réparation d'appareils de télécommunication
Réparation d'appareils électroménagers
Réparation et dépannage des systèmes de sécurité
Soins infirmiers
Secrétariat
Serrurerie
Soudage
Sylviculture
Techniques d'usinage
Tenue de caisse (établissement financier)
Transformation du bois ouvré

LISTE DE PROGRAMMES CONDUISANT À UN CEP

Affûtage
Assistance aux personnes à domicile
Boucherie et charcuterie
Briquetage-maçonnerie
Carrelage
Carrosserie
Classage et mesurage
Conducteur de machinerie lourde
Conduite d'une presse offset
Conduite de bouteur
Conduite de camion lourd
Conduite de chargeuse à chenilles
Conduite de chargeuse à pneus
Conduite de grue (3 CEP)
Conduite de chargeuse pelleteuse
Conduite de décapeuse
Conduite de niveleuse
Conduite de pelle (2 CEP)
Cordonnerie
Dessin de matériel électronique
Épissage de cables téléphoniques
Extraction de minerai
Fleuriste
Forage et dynamitage
Horticulture maraîchère écologique
Mécanique de protection des incendies
Montage de lignes électriques
Montage et réglage des extradeuses
Montage et réglage des machines à injection
Opération de forage au diamant
Opération de traitement de minerai

Peinture et bâtiment
Plâtrage
Pose d'appareils de chauffage
Pose de systèmes intérieurs
Pose de revêtement de toitures
Service de la restauration
Structure d'aménagement paysager
Vente de pièces mécaniques au comptoir
Vente de produits de pêche
Vente et représentation professionnelle

Source : Gouvernement du Québec, *Guide des études professionnelles au secondaire* 1990-1991 et GRICS, Système REPÈRES.

BIBLIOGRAPHIE

April, P. « Charest prépare un programme pour contrer le décrochage scolaire », *La Presse*, cahier A, dimanche 21 janvier 1990, p. 7.

Boudon, R. *L'inégalité des chances*, Armand-Collin, Paris 1964.

Bourdieu, R. et Passeron, J.C. *Les héritiers*, Éd. Minuit, Paris 1964.

Caouette, C.E. « L'abandon scolaire : une réaction inadaptée à l'inadaptation de l'école », dans la Revue des échanges de *L'AFIDES*, n°4, 1985, pp.41-45.

Commission des Écoles Catholiques de Montréal (CÉCM), Abandon scolaire au secondaire, 1975.

Commission scolaire régionale Meilleur, *P.A.S. Prévention abandon scolaire*, Test, Phase I - Premier cycle, septembre 1983.

Commission scolaire régionale Meilleur, *P.A.S. Prévention abandon scolaire, Test, Phase II - Deuxième cycle*, septembre 1983.

Commission scolaire régionale Meilleur, *P.A.S. Prévention abandon scolaire, Présentation du dossier, (1 et 2)* septembre 1983.

Commission scolaire régionale Meilleur, *P.A.S. Prévention abandon scolaire, Administration et guide d'intervention*, septembre 1984.

Dolto, F., *Paroles pour adolescents ou le complexe du homard*, Éd. Hatier, Paris, 1989.

Fédération des Commissions scolaires catholiques du Québec, (FCSCQ), *L'école abandonnée*, Québec 1975.

Gouvernement du Québec, ministère de l'Éducation, *Direction des politiques et plans Relance*, 1978.

Gouvernement du Québec, ministère de l'Éducation, Direction générale de la recherche et du développement, *Indicateurs sur la situation de l'enseignement primaire et secondaire*, 1989.

Gouvernement du Québec, ministère de l'Éducation, Direction générale de la recherche et du développement, *Indicateurs sur la situation de l'enseignement primaire et secondaire*, 1990.

Gouvernement du Québec, *Les ménages et les familles au Québec, Statistiques démographiques*, Les publications du Québec, 1987.

Gras, A., *Sociologie de l'éducation, Textes fondamentaux*, Larousse Université, série sociologie-sciences humaines - Paris, 1974.

Grawitz, M., *Lexique des sciences sociales*, Dalloz, Paris, 1983.

Guindon, J., *Vers l'autonomie psychique*, Éd. Fleurus, Paris, 1982.

Hogue, J.-P., *Les relations humaines dans l'entreprise*, Éd. Commerce et Beauchemin, Montréal, 1971.

Lévesque, M., *L'égalité des chances en éducation*, Gouvernement du Québec, Conseil supérieur de l'éducation, 1979.

Maslow, A., *Vers une psychologie de l'être*, Fayard, Paris, 1976.

Mucchielli, A., *Psycho-sociologie des organisations, Entreprise moderne d'édition*, les Éd. E S F, Paris, 1977.

Rivard, C., *Fréquentation scolaire à la C.S.R. Lignery*, Reproduit par le ministère de l'Éducation du Québec, Code de distribution 16-5900, 1976.

Rosenthal, R. et Jacobson, L.F., « Pygmalion en classe » extrait de « Teacher Expectations for the disadvantage », *Scientific American*, avril 1968, vol. 218, n° 4. pp. 19 - 23, et rapporté par Gras A., in Op. cit. pp. 245 - 254 inc.

Rosenthal, R. et Jacobson, L. F. *Pygmalion en classe*, traduction française, Casterman, Paris, 1971.

Saint-Pierre, C., « Drop out » in *Convergence*, volume IV, n° octobre 1983.

Journal

1) qu'est-ce qu'un décrocheur ?
   que le décrochage
2/3 dej.   Réflexion

tout l'monde décroche { ds une
                         perspective

hier les gens décrochaient mais on s'en
           s'inquiétait mais car ...

école publiée
→ ° pour tous
   moderne.
   qui s'est éteinte

Achevé d'imprimer
en novembre 1991 sur les presses
des Ateliers Graphiques Marc Veilleux Inc.
Cap-Saint-Ignace, Qué.